Minnesanteckningar från kriget

alexandra kubresli

minnesanteckningar

från kriget

Originaltitel på engelska: *Notes From That War,*
Publicerad av BoD, 2022, www.bod.se

Översättning: Alexandra Kubresli
Omslag: Artur Szandrowski
Förlag: BoD – Books on Demand, Stockholm, Sverige
Tryck: BoD – Books on Demand, Norderstedt, Tyskland
ISBN: 978-91-8027-881-2

Till Patrik, för att du pratade med dem som glömts bort.
För att du lyssnade och för att du skrev.

Till Amber, Elissar, Essam, Kamal, Shadi, Fadia, Omar,
Semyon, Marat, Mesaab, Nikolai.
Till alla som ger röst åt de tystade.
Med liknande eller olika åsikter.

Ni inspirerar mig.
Tack

FÖRORD

Dessa anteckningar var inte avsedda att publiceras. Jag
skrev dem tyst för mig själv, för att dissekera mörker och
bearbeta vad det gör med människan, tron och friheten.
Framför våra ögon medan vi ser på. Det finns så mycket att
ta in, för mycket ondska. Det här är kriget, livet, rädslan.

Jag är ingen poet. Jag är ingen mästare på ord. Jag är bara
någon okänd som berättar om det ohörda och det osynliga:
motsatta åsikter som glöms bort, människor som överges i
takt med att konflikten målas upp som ett inbördeskrig i
media. Dessa anteckningar påminner oss om hur viktigt det
är med en bredare uppfattning om ett krig som rasat i mer
än ett decennium. Här blir den ensidiga bilden om en åsikt
och en sanning istället flera åsikter och sanningar.

Jag är inte här för att ni ska komma ihåg mig. Men kom
ihåg dessa anteckningar från kriget. Kanske kommer ni att
kunna riva muren som skiljer människor åt. Kanske
kommer ni att kunna återknyta kontakt med människor
som glöms bort.

Ställ frågan vem skulle kunna hindra fred från att komma
in i en mammas hus om den bjuds in av hennes egna barn.
Vem skulle kunna utmana hennes barn om syskonen är
enade och alltid försvarar varandra? Om brodern är
systerns andra par armar när hon blir attackerad, och om
systern är broderns andra par ögon när han blir rånad? Inte
lika många. Kanske är det därför som ingenting hördes om
dessa bortglömda människor i tolv år.

'Enighet' är inte ett tecken på svaghet. Det är styrka.
Därför infiltreras en sådan styrka så att den inte växer till
orubblig. Den förhindras. Den splittras. Jag låter
kommande sidor tala för sig själv.

AUGUSTI 2023
Alexandra Kubresli

PROLOG: NI VET BÄTTRE

I kylan stod jag. Ute.
Ert språk förstod jag inte.
Jag höll visst avstånd,
Väntade på något…
Kanske ville jag se ett par händer
Vinkande. Jag var tjejen med det mörka håret,
Hade ni något emot mig?
Inte för mycket.
Jag hade tur. Men ärligt talat
Kunde jag aldrig ha berättat
Hela sanningen bakom mitt utseende,
Dolde hälften bakom ett leende,
Svarade det ni ville höra
När ni frågade.

Nu har jag vuxit upp.
Det här är jag
Med ett äldre ansikte,
Försöker inte visa
Rädslan som jag visste
Skulle aldrig lämna mig.
Med en djupare röst
Försöker dölja
Att jag fortfarande undrar,
Att jag fortfarande gissar,
Om ni tar emot mig

Och tycker om mig.

Jag ser er inte i ögonen
Så att ni inte ska veta
Var ni ska leta
För att hitta en svaghet.
Jag vågar inte ge er en inblick,
Min avslöjande blick
Får ni aldrig se.
Ni som inte hade för mycket emot mig.
Ni som lär mig hur jag borde tänka,
Hur jag borde klä mig,
Vad jag borde göra,
Varifrån jag borde komma.
Jag lär mig säga efter er.
Får inte tänka självständigt,
Källkritik behövs inte,
Desinformation är det inte,
För att ni vet bättre –
Bättre än vad jag vet.

Jag borde kunna smälta in
Om jag frågar om ingenting,
Bara följer instruktioner.
Men varför fruktar jag ännu
Att ni ska be mig vända hemåt?
När blir staden inte bara er?
Växte jag inte upp här,
Är jag inte en del av ett samhälle –
Var är mitt ställe?
Alltid retad,

Alltid petad,
I spelet om mig.
Vilka av er ska tämja mig?

Någon annan dömer spelet. Vem?
Jag är en ofrivillig spelare. Än sen?
Tvungen att delta,
Född på er spelplan.
Jag gör som ni säger.
Jag är förvirrad men frågar aldrig
Hur jag kan spela någon jag inte är,
Hur ni kan veta vad jag behöver,
Hur ni kan bestämma när ni inte känner
Vad jag känner på insidan.

När jag talar är orden för blyga
Eller språkkunskaperna odugliga.
Det går inte att förstå vad jag vill säga,
Förklarar ni och täcker bestämt
Min mun. Jag som jobbat stenhårt
Och lärt mig ert språk.
'Se och lär och förändras!' var mina order.
Jag har anpassat mig, tvingat mig
Att acceptera hur ni vill ha mig.
Ni som vet bättre än mig.
Jag kommer också lära mig att andas in
Under er munkavel och andas ut
Och se på medan tiden går…

Vissa saker förändras aldrig.
Idag vet ni fortfarande bättre än mig,

Imorgon vet ni bättre än mitt moderland.
Den delen av mig som ni nu är medvetna om
Trots att jag aldrig berättade.
Igår hade ni aldrig hört talats om henne,
Visste inte vem hon var,
Tills den lilla punkten på kartan blev större –
Växte till ett strategiskt ställe
Som *de* märkte.
Ni minns spelet, påtvingar mig dess regler
När jag förgäves försöker
Bibehålla någonting av mig.
Min värdighet som människa.
Det kommer fortfarande vara kul att spela
Med ett helt land, eller hur?
Jag kommer att finnas någonstans däremellan –
Inte förberedd för en kamp,
Inte beredd att förstå vad som är sant.

Imorgon är för tidigt.
Ni kommer att veta bättre än mig och mitt släktträd
Och mitt ursprung och miljoner andra,
Och berätta för en hel värld
Och välja det ni tycker är viktigt.
Spelar föga roll vad som händer på riktigt.
Vi får inte läsa självständigt.
Kommande berättelser och sidor,
Rivna papper och tystade människor,
Lär ni oss att inte märka.
Säger till oss vilka mönster vi ska se,
Vad vi ska drömma om
Och vad som ska få oss att le.

Hur framtiden kommer att se ut,
Vad och vilka som får vara,
Är nedskrivet och besvarat.
Ni ger oss ett manus
Där protagonister bestämts sedan tidigare
Och antagonister inte får ändras.
Ni hjälper till att dela upp oss,
Pysslar ihop bitarna så som de vill förändra
Och nämner konstverket vad ni önskar
Eftersom ni vet bäst.

SYNVILLA (2011)

Imorgon kommer plötsligt,
Tiden går så fort!
Folk som stått och väntat
Har slutat lite oförväntat
Och ansluter till det nya projektet
I drömmen om framtiden som efterlängtas.
Ansluter till friheten som verkar utlovas
Från ena stället till det andra,
Som en dominoeffekt.
Skrämmande glädjande
Oklart, något som är inkorrekt –
Delar som på rekordtid faller,
En framsida som syns
Framför något som inte syns.
Medan folk av stundens allvar är tagna,
Med den här chansen i livet upptagna.

Patriotiska sånger stärker den moraliska delen.
Alla svårigheter tacklar,
Alla nerver kittlar,
Med dessa starka texter.
Systemet utmanas,
Kokpunkten närmas…
Varför skulle någon föreställa sig sjungande fåglar
Med brutna vingar?
Våren har alltid symboliserat liv:

Påsk, mors dag och *Newroz*.
En glädjens tid.

Nu är våren här. Knoppningstiden.
Varifrån kommer plötsliga strider?
Det har är nya tider.
Mellan fingrarna sanden rinner:
Snart finns inga chanser
Att ångra sig…

Någon vaktar klockan som tickar.
Solen går bakom tjocka moln,
Bladen börjar vissna –
Även vissa som fortfarande är knoppar.
Är det här rätta vägen att gå?
Ingen är säker.
Den här nya saken är inte den vanliga
Våren som brukar vara så vacker.

Han kan ändå inte kalla det här en kris
Eller att folk är ute på hal is
För att de är ute på gatorna.
Rörelsen verkar ha svar på frågorna
Som hållit dem tillbaka.
Det är inte personligt.
Han är medveten om behovet
Att göra ett oväsen
Och omvärdera de gamla idealen –
Allting som för givet tas
Och som korrumperat den här oasen.
Det här är allas hem,

Det spelar ingen roll vem
Man är. Med en röst, ett namn,
Går man i den här optimistiska vågen
Och slänger sig in i tvångslöshetens famn.

Ljudnivån är den högsta, men
Något ekar i bakgrunden som inte går att missa:
Någon ropar att Kristian ska utvisas
Och Ali ska begravas.
Vad är det som egentligen händer?
Är inte segregation något som förskräcker?

Plötsligt ändras orden till andra slogans
Trots att de inte hör hemma här.
Vad är det här? Fredligt eller våldsamt?
En oanad karaktärsförändring.
Snabbare, djupare och utan kontroll.
Vad är det här? Demokrati eller hyckleri?
Den här synvillan som vi springer till
Och tror på.

De ser med prickskyttens glasögon
Och håller ett öga på scenen.
Deras avancerade kikare ser allt:
Kikarsiktet zoomar in
Och bevakar gatan.
Det ger en klar fördel. Valet är deras
Vart de vill sikta,
Vilken av de sjungande fåglarna de vill skjuta.

Folk ser ingenting, inte ens en skugga.

Ingen gick förbi.
Hör bara dånet av något som flyger
Nära huvudena och träffar!
Folk ser sina käraste vänner
Falla till marken runtomkring.

Han blir lika förskräckt,
Menar att situationen är ett förtäckt
Hot. Mönstret utifrån figuren konstruerat,
Provokationen av rätt storlek,
Båda skräddarsydda för att passa
Den här delen av kartan.
Startar en brand enligt planen,
Tänder en gnista som blir en öppen låga,
Och tillåter den grymmaste
Att gjuta olja på elden.

För chockade är folk för att kunna tänka.
För sårade för att kunna misstänka
Förekomsten av en insider.
Medan alla är medvetslösa planeras hämndaktioner:
Här är den perfekta miljön för en löpeld att spridas.
Frågan är vem den ska bränna
Och vem den ska skona.

EN PERFEKT URSÄKT (2012)

Ni ser på hans mamma, uttrycker medlidande
Och skakar på huvudet
Trots att hon oupphörligt förnekar
Och insisterar: "Ett inbördeskrig? Absolut inte.
Vem berättade det här för er?
Varför inte prata om samexistensen
I min välkomnande familj?
Vår tradition berikad med tolerans
Ni låtsas inte finns där,
Men vår enhet i vår mångfald kan ni inte dölja.
Det är en skam som medlemmar att fråga andra
De förbjudna frågorna:
Muslimer eller kristna, vilken troslära?
Araber eller minoritetsgrupper, vilket etniskt ursprung?

'Vad är du?' frågar ni alltid,
Som om ni ser det som er uppgift
Att peka finger på någon specifik
Eller vem som helst.
Försök inte, jag är medveten.
Ni söker i min familj för att finna olikheter
Och uppmanar till oenigheter.
Leta inte. Olikheter existerar och vi är
Stolta. Vi kommer inte låta oss luras.
Säg inte att jag har fel:
Det här nya fenomenet kan enbart vara

Er undervisning. Er gärning.
Det ger en perfekt ursäkt
För att legitimera de kommande åren av övergrepp
Och kampen som kommer att göra mina barns liv
Ett brinnande helvete."

Nu har kriget brutit ut
Och hennes barn är på flykt.
Alla verkar satsa sina pengar
På hur länge det kommer fortgå:
Hundratusen att det tar slut fort,
Hundra procent till deras fördel
Som så många gånger förr.
De har övat. Varför behöva mer
Än ett par veckor
För att tämja dessa miljoner
Människor?

De glömmer varje hjärta som fortsätter att slå
Där det inte finns någon tanke på att ge upp
Ett enda hörn eller vrå –
Inte en enda del av mamman.
Här kommer svaret
Till de som spelar och satsar:
Det kommer att ta lång tid.
Det kommer att krävas fler armar.
Det kommer att behövas mer vapen.

Han är den äldste bland barnen
Och vet att han inte räcker ensam.
Medveten om att de pressar hårt,

Måste han få dela det här ansvaret
Med en annan person i ömsesidigt förtroende.
Den hårt ansatta uppgiften, det oklara läget,
Fortsätter att tynga honom.
Det handlar om rationalitet,
En fråga som har högsta prioritet:
Han tar sin ryggsäck och rör sig
Dit han behövs som mest.
Lämnar de relativt lugna delarna
Till henne. Hon som inte är hans vän
Men inte är hans fiende.

Han och hon kallas allierade.
Mannen och hans yngre bekanta.
Han avbildas med sin silkeslena mustasch,
Och på sin sköna säng
Ligger damen med den vackra flätan.
Hon heter hans älskarinna
Och behandlas som en prinsessa.
Fingrar som smeker,
Läppar som vidrör…

'Förrädare!' står båda anklagade
Och som nattfjärilar stämplade.
Förbjudet är det här förhållandet.
Ingen ställer frågan:
Bör båda verkligen befinnas skyldiga till brott
För att ha organiserat något slags försvar?
Vilken försvarsadvokat som helst skulle le
Åt deras åklagare och förklara:
"Allierade eller inte, älskarinna eller inte,

Har ingen betydelse.
Det är en omfördelning av begränsade resurser.
Det är vettigt."

På tal om advokater och åklagare,
Vad kan lagen säga
Om sin oförmåga att skydda eller påverka?
Signaturer på papper –
Vad betyder de i verkligheten?
Resolutioner är bara nummer.
Vad ska man göra när dessa inte håller?
När dessa kränks och beskjuts?

Åh modiga värld uppdelad i block,
Var är den utlovade freden?
Hennes öron behöver vila!
Var är vapenvilan?
Ett år har mamman inte sovit,
Marken skakar under hennes fötter.

Parter drar åt olika håll –
Delar av dokumentet rivs sönder.
Bokstäverna på sidorna mister färgen
Och med dem försvinner förhoppningen
Att allt är snart över. Det har bara börjat.
Hennes gamla hjärta är nu krossat.
Hon förvandlas till resterna av sin förstörelse,
Ett monument eroderat av extremväder
Som hittat sin väg in i öknen.
Ett monument format av hårda vindbyar
Och plötslig intensiv nederbörd

Som dränker hennes sand
När händer släpper taget om henne
Och låter henne falla.

Papperen blir blöta,
Flyter förbi förstörda…
Meningslösa.

Hon går knappt att känna igen.
Hennes egna barn känner nästan inte igen
Hennes nya ansikte.
Bara de som står utanför,
Som inte kände igen henne
När hon levde i fred,
Känner igen henne nu.
Men de förbarmar sig inte över den välkända,
Numera världskända,
Mamman.

Tyvärr finns det inget utrymme för drömmar.
Inte längre. Hon vädjar
Till alla sina barn: Snälla.
Hon önskar sig lite tystnad.
Inget ska höras
– Inte ens hennes barns röster –
Så att inga stenar på fåglarna kastas
För första gången på länge,
För en gångs skull!

Men en upptrappning av våldet
Är det som väntar.

Hon har en känsla –
Något dåligt kommer att hända.
Det återkommande ljudet som hon fruktar
Får hon återigen höra.
Hon står upp… Dricksglaset glider ur handen,
Faller nästan lite långsamt ner…
Liksom tårarna på hennes kinder
När den stackars kvinnan tappar förståndet.

Hur mycket är klockan?
Var händer det?!
Det öronbedövande bruset
Är så fruktansvärt nära.
Hon tänker på busstationen bakom huset,
På sina söner och döttrar som tar bussen till skolan!
En kniv som skär in i hennes hjärta…
Hon börjar springa.
Folk kommer till undsättning,
Rusar in i röken,
Rakt in i värmen.

Den här hatfyllda vulkanen fick sitt utbrott
Många månader sedan. Det är inget nytt
För folk som springer in
Utan att tveka,
Utan att stanna.
Inleder en fruktansvärd svår sökning,
Vissa kanske lever ännu!
Alla gånger folk skrikit på hjälp förut…
Där kommer den
Och besvarar de gråtande ögonen.

Den här hjälpen, vilken förrädisk lättnad den är.
Den följs av ett högre läte,
Ännu ett fruktat ljud som skakar marken,
Ämnat att bedöva hörseln.
Sväljer eller bränner folk som misslyckades med att dö.
Jordbävningar och vulkaner går ju ofta hand i hand.

Det är inte bara hennes mark som skakar.
Hennes ögon blöder,
Förblindade av lågorna.
Hjälp anländer i form av en ambulans…
Den tar brutalt bort en andra chans,
Medan hon fortsätter att be
Om ett ögonblick av stillhet.
Den lämnar efter sig en krater av misströstan.
Spår av det som förut kallades förtröstan.

KVÄVNING (2013)

’Vem tittar den där pojken på?’ undrar han,
’Kan det vara mig?’
Här finns ingen annan.
  ”Ja, du” hälsar lillen på honom,
Men tappar balansen.
  Han närmar sig och sjunker ner på knä,
Sträcker ut fingertoppen,
Rör vid pojkens kryckor…
  ”Vad har hänt?”
  ”Måste jag svara?”
  ”Du måste inte” säger han,
’Det borde ha varit jag’ tänker han…
  ”*Ammo*, det är okej. Jag mår bra.
Jag har turen att vara vid liv” ler pojken…

Det var en gång
En glad pojke på skolgården
Som alltid skrattade så bedårande.
Det var han en gång i tiden.
Han skulle träffa sin kompis varje dag,
Och båda brukade springa och leka
Alla oskyldiga lekar…
Han saknar de soliga dagarna
Och undrar varför de inte kan träffas numera.
Vet inte riktigt
Varifrån det kom.

Förstår inte riktigt
Vad folk säger.

Bara ett barn
Var han en gång i tiden.
Minns knappt när han lekte på skolgården.
Sist han träffade kompisen,
Sprang de
Och gömde sig.
Pojken försöker reda ut sina tankar:
Tusentals bilder minns han,
Men vågar han pussla ihop slutet?

Han vet inte vad som hände därefter.
Bara ett barn
Var han en gång i tiden.
Han minns lågorna…
Folk bar honom och rusade iväg.
Resten förstår han inte.

Idag är han fortfarande ett barn.
Det är vad han är.
Kämpar fortfarande för att förstå
Nu när han inte kan stå
På båda sina ben,
Bara på en.
Kan inte fly
Bort från sina tankar.
I sina minnen fångas han.
Han tänker tillbaka på sin skola
Och fönsterrutorna som krossades.

Han minns sin kompis
Som har varit borta sedan dess.

Två och ett halvt år har gått.
Hur många dagars kvävning är det?
Folk har lärt sig att också luften
Kommer inte alltid finnas där
Och måste nu förbereda
För en andra kamp, kanske hårdare
Än den pågående.

Bita ihop och uthärda är det som väntar
Då lidandet, som sedan länge är här,
Inte verkar vara tillräckligt
För de som kommer hit
Mitt i anklagelsernas ironi
Om ökänd sarin.
De kommer hit för att tvinga till sig
De få kvadratmeter som inte blivit plundrade
Ännu och alla hektar som redan
Berövats livet.

Folk har lärt sig att lägga märke
Till dessa försök att göra mamman till ett offer
Och sedan betona hennes elände
Och sedan dölja den sanna anledningen till att hon gråter
Och använda hennes barn som bete
– Han med mustaschen, hon med flätan –
För att föra med sig hela världen till dessa marker
För att lösa sina personliga problem.
Bjuder in till flera krig samtidigt så att ingen kan gå säker,

Som om det vore lösningen.

Folk måste därmed stå stadiga
Och vara beredda
Att uthärda den förväntade smärtan.
Svimma hellre än tjalla på en vän!
Ger aldrig upp,
Ger inte efter,
För att inte falla och bli ihjältrampad.
Endast minderåriga och kraftlösa slipper
Gräva ner stövlarna i sanden
Och vara redo att inte flytta på sig
När skräcken kommer förbi för en pratstund.

Folk måste andas luften som finns tillgänglig,
Oavsett om den är frisk, förorenad eller dödlig.
Försöka hålla sig vid liv för att försvara
De anklagade sönerna i söder
Mot att sättas dit som oskyldiga.
Mista livet för att försvara
De avskydda döttrarna i norr
Mot en etnisk rensning.
Eller tvingas ta till flykten, långt härifrån.
Vanligt mänskligt tänkande, inklusive rädsla,
Hör inte hemma här.

Ett andra krig verkar oundvikligt, men nog är ett!
För mycket är ett!
Om någon vill ha fler,
Vet den här personen inte vad krig gör.
Vad som var fel på den

– Den revolutionära utvecklingen –
Och vad som gick fel efter den.
Vågen som var mer av en tsunami,
Struktur och natur som sköljdes bort.
Den här dystopiska scenen den lämnat efter sig.
Nedfallna kronblad som skulle ha varit
Vackra jasminer.

Finns det någon som för register?
Eller glöms mammans barn
Som blir färre
Från båda sidor?
Det finns ingen möjlighet att söka.
Var ska man försöka?
Vem ska man fråga?
Någon som ärligt kan hjälpa.
I en miljö av korruption,
Var hittar man en sådan ädel person?

Så många har försvunnit…
Mamman har inte råd med en lösensumma
Och lämnas kvar i sin plågande undran
Om någon fortfarande är vid liv.
Alltför många har försvunnit…
Skulle hon känna igen någon?
Skulle någon känna igen henne?
I den här friheten,
I det här fängelset,
Som brukade vara ett hem.

OÖNSKAD (2014)

Med bara sekunder kvar av nedräkningen,
Undveks det andra kriget
Med blotta förskräckelsen.
I sista minuten förhindrades det.
Herregud vad mycket det betydde
Att se det avtalet!
En sådan lättnad kändes.
Ärligt talat, vem var inte trött på strider?

Tydligen inte alla.
Plötsligt sprids deras övertygande filmer
Och deras redigerade versioner har undertexter.
Vad lägligt det är.
Deras actionscener,
Det där dramat,
Överallt tillgängligt.
Deras skildring får miljontals visningar:
Det är världsnyheter,
Den sanningen är senaste nytt!

Kom igen, fråga dem.
Har de sett med egna ögon
Eller blir de tillsagda
Det här är vad som inträffar?
Det här är vad som ska skrivas och sägas,
Här är vad som ska fotograferas och filmas,

Här är de goda och onda?

Innehåll övergår till partiskhet.
Fördomar omringar det bräckliga avtalet.
Att manipulera fakta blir förvånansvärt enkelt
När ingen frågar varför
Ni understödjer en sida –
Bara den sidan.
Varför stör ni er på vad andra säger?
Vad finns det att täcka?
Vad finns det att upptäcka
Som borde upptäckas, borde synas?
Och vad händer om det skulle läcka ut,
Om världen får veta?

Varför skriver ni inte
Med en penna istället för det där suddgummit?
Vad hände med att granska
Det okända
Och ge röst åt de tystade?
Det handlar om sidor, om sidor, om sidor
Och 'vilken sida står du på'…
När ska det handla om tillvaron som slås i spillror?

Ni upptäcker och avslöjar.
Ni når ut och gör oss medvetna
Om ena sidan endast.
I avsaknad av opartisk granskning,
Hur skiljer man fakta från myt?
Vad är poängen med en sanning, deras sanning,
Bara deras?

En av dem
Brukade vara hennes vän. En kollega
Eller vad det nu kallas
När man trodde att man jobbade ihop.
Satt ner och åt tillsammans,
Skrattade tillsammans,
Delade med sig av härliga händelser…

Hennes namn är Oönskad.
Hon representerar sin kära mamma.
Det ankommer på henne att sträcka ut handen
Och skaka hans hand,
Villig att för vapenstilleståndets skull kompromissa.
Men det känns som ett misstag
När hon möts av ett hånleende,
Ögon som inte vill se på henne
Och olämpliga kommentarer som hörs
Om henne.

Det gör ett svidande intryck.
Det visar de svårigheter hon står inför:
Det förutbestämda ödet som utövar en kraft,
Mötena som knuffas mot kanten.
En andra omgång av fredsförhandlingar
Dömd att misslyckas innan den börjar.

Hon står kvar.
Fortfarande finns en chans att smälta isen.
  "Goddag" säger hon,
Hennes ögon söker kontakt för att bryta dödläget,

Men handen får sin ansökan avslagen.

Kan hon deras närvaro hantera?
För första gången på tre år
Några av dessa ansikten möta –
Vetandes vad de gjorde,
Vad de fortfarande gör hemma
Och kommer att göra
När de väl går ut härifrån?

Strax innan start ställer hon sig bakom väggen,
Kanske för att gömma sig men mestadels för att andas…
Håller tillbaka alla tårar,
Vägrar att höras med en röst som darrar!
Andas. Andas.
Hon drar en djup suck, kommer fram
Och går in i bikupan.

”Jag är från…” introducerar hon sig –
En ren formalitet.
   De återstående orden i hennes mening
En markering som stämplar henne som 'för'
Fastän det bara är motsatsen till 'emot'.
En annan åsikt helt enkelt, inget mer.
Hon har fortfarande samma pass
Men, nej, glöm alla saker gemensamt.
Bostadsort, arbetsplats –
En gång samma som varandra,
Men nu gäller andra namn.
'Vi' och 'dem' är ord ristade i sten
Och båda har kommit förberedda för krig.

Det här fredspalatset blir ett slagfält
I varje presskonferens.
Dessa reportrar och fotografer är
Respektive sidas soldater.
Hon återfår sitt lugn:
”…Jag är från”
En liten källa. En kritiserad kvinna
Som på egen hand ställer frågor
Som inte ställts tidigare
Eftersom ingenting kommer att lämnas
Obesvarat längre.

Kom igen, legitima representanter för den här nya
Ensidiga demokratin – berätta för henne.
   ”Berätta för mig, för ert land, för världen, för oss alla
Varför kvinnor och barn är inblandade,
Fångade, inlåsta, tagna som gisslan
Av dem ni påstår kunna kontrollera,
I städer ni kallar befriade och era?
Vad går fel? Är de bortom all kontroll?

Dags att vara de karaktärer ni påstår er vara:
Ledarna som världen erkänt och längtar efter.
De som vi sägs behöva.
Säg det, män!
Säg det, kvinnor!
Säg var ni kommer ifrån” –
Hon minns ansiktena hon sett förut
När de tog sats, sprang åt hennes håll
Och hon inte kunde springa därifrån.

Hon kommer från hemifrån
Precis som dem…

"Mår du bra?" frågar hennes kameraman,
Lägger en omtänksam arm runt hennes axlar.
   "Jag mår prima" ljuger hon,
Medveten om ansiktena hon möter.
   De har fått officiella inbjudningar
Och behandlas med respekt
Som om de inte gjort något!
Vad annat hade hon förväntat sig?
Det gör henne ont att se dem stå
Framför henne,
Ansikte mot ansikte.

"Den slås i spillror –
Vår stora familj som utesluter ingen"
Talar mamman därhemma,
Endast därhemma,
Eftersom ingen vill höra henne utanför.
   Den drunknar djupare
I översvämningarna som slog till
Och den väntar
På varelserna som nu anländer.
Människor är skadade
Och gator tvättas aldrig
Förutom med oskyldigas blod.

Alla är för upptagna
Med att tala å hennes vägnar.
Så många berömda tal. Prioriteringar

Som skiljer sig åt, uttalanden
Som är bittra och ovilliga att kompromissa.
   "Men när kommer vi erkänna att monstren
Är här? Idag halshugger de,
Dödar riktiga människor som lever.
Imorgon burar de in,
Säljer stackars människor som andas.
Från alla sidor! Hjärtan som slår!
Medan vi fortfarande inte talar med varandra.

När kommer vi att erkänna människorna
Som flyr till berget – förföljda –
Och har ingenting kvar,
Eller ligger livlösa på trädgården? Avrättade.
Jag vill inte se på det här!
När ska vi utreda den här terrorn?
Om ett tag kanske.
När? Övermorgon?
Förstår vi inte
Att tiden rinner ut??"

Skynda…

Blodet rinner ner för näsan,
På mustaschen och in i munnen.
Så mycket blod. Det gör honom illamående.
Han sväljer långsamt,
Men allt är svårt att smälta.
Han håller för öronen
För att inte höra…
Och blundar

För att inte se
Att de har kommit nära…

Hon ber till Gud
Och håller andan
Så de inte hör…
Och gömmer sig någonstans
Så de inte ser henne,
Ser hennes hår,
Misstar hennes fläta för en spions,
Och dödsdömer henne
Nu när de är här…

Hon börjar att bli strypt –
Den vackra damen med flätan.
Snaran dras åt sakta men säkert.
Hon lämnas åt sitt 'öde'.
De låtsas göra något för att hjälpa,
Men skrattar tyst
Och nickar till dessa monster.
Tillåter dem att närma sig.
Tittar tyst på henne,
Tittar på hennes få systrars försvar
Som är försvagat.
Väggarna kanske inte håller
Om man förlitar sig på deras stöd –
På de vackra lögnerna som sägs.

De hör hennes rop på hjälp
Och hånar faktumet att ingen kan svara
Oavsett hur mycket hon försöker.

Han som tog henne i hand i smyg
Och som hon låg med oblygt
Är inte här för närvarande.
Han kan inte komma hit,
Deras försvar väntar på att slå till.
Han kan inte försvara henne,
Deras svar tillbaka är hårt.
Den övervakningen lät ingen flyga förbi
Och låter ingen komma nära.

Den lärde honom en läxa som nästan dödade honom.
Blandade in hans mamma,
Varnade henne,
Skrämmer henne att frukta för sin son
Från deras flagranta aggression.
Hennes ansiktsuttryck säger allt:
Hon stretar emot
Och koncentrerar sig för att inte brista i gråt.
Känner förtvivlan när hon behöver välja
Vem hon ska hjälpa först! Förlåt!
Det här beslutet kan aldrig vara rättvist nog.
Det är precis vad de vill.
De längtar efter att se henne
Som den knäckta mamman
Hon kommer att vara när hon inser
Att det är över.
När hon når sitt andra barn
Kommer hon helt enkelt försent.

Hennes miserabla son
Är omringad och övermannad.

Han måste tänka med hjärnan,
Inte med hjärtat.
Till damen med flätan:
Han är hemskt ledsen,
Kära ögonsten,
Men det finns flera fronter –
En för många.
Han kan bara önska
Att han kunde vara där med henne.

De hånar inte bara,
Utan de njuter till fullo.
   ”Säg adjö till din älskarinna.
Vi kan vidarebefordra ditt tillkännagivande
Att du inte kommer.
Och medan du är borta,
Vänder hon sig till oss
Vare sig hon vill det eller inte.
Vi har vunnit en ny allierad,
Ett användbart kort och en skönhet –
Vårt nya ombud.”

”Håll käften!” spottar han ut,
Försöker sparka, slåss,
Men missar igen.
   De hånar honom igen,
Hånar varje drag som leder till hans nederlag.
   ”Betyder hon så mycket?
Släpp ditt vapen. Berätta för världen om vårt övertag,
Säg att vi har vunnit,
Ge oss din mamma.

Vi lovar dyrt och heligt
Att vi ska skona din älskarinna."

Nej, nej, nej! Han skakar på huvudet – aldrig!
Vad är hedersord utan heder? Bara ord.
Låter sig inte luras in i deras fälla,
Ifrågasätter inte sin lojalitet,
Lyssnar inte på Satans viskningar!
Påminner sig själv: gå inte för nära.
Plikter och order tvingar honom att röra på sig
Enligt schema,
En härifrån och en därifrån.
I söder och i norr,
Han och hon
Och det där hjärtskärande avståndet.
Var och en på egen hand.
Ingen vet att han lovar
Han kommer att hämnas en dag.

Hon fortsätter att bli strypt.
Hon och hennes få systrar,
Hennes enda kamrater.
Natten är det enda skyddet från deras räder
När den täcker henne och honom,
Skyddar de utsatta barnen
Och hjärtslagen
I öronen, och känslorna
I hjärtat i hjärnan i magen,
Som möjliggör motståndet.
För det som var,
För det som är,

För det som kommer att vara.

Han håller fast vid enigheten.
Och hon återskapar, i den här staden,
Leningradbornas motstånd mot nazisterna.
Det legendariska namnet för den här platsen
Är hans berömda öga.
Vad som helst kommer hon att göra
För att det kan få se morgonljuset.

VÄND BORDEN (2015)

De tågar in och har övertaget.
Visar upp sina vapen och kräver respekt.
Förväntar sig att folk ska böja sig för dem,
Be om nåd,
Bönfalla dem att vara lugna nog
Att mörda varsamt.
De är för omdömeslöst självsäkra
Och missar att lägga märke till en aktsam skugga
Där, bakom dem...

Någon skuggar
Och ett finger pekar
I en viss riktning.
Lockar dem att gå den här vägen,
Leder dem så långt att tankeförmågan är vilsen.
Deras mörkare sida,
Deras döda sinnen,
Lockas av den här spänningen.
De tilldelas ett piller
Som de inte kommer att kunna leva utan.

Medvetandet spolas bort,
Ner i avloppet.
Visdomen går förlorad på vägen.
Om några av dem var barnen
Som mamman bar på,

Är de inte sig själva längre.
Fingret pekar
På deras inre ersättare.
Handen matar
Dessa inre monster
Vad som verkar vara deras motståndare
Men är i själva verket deras gamla jag.

Det egna köttet slukar de
I vansinnig takt
Och känner att det ger makt.
Skuggan matar dessa monster en gång,
Matar dem sedan igen,
Matar dem deras vänner.
Och de ser på och äter
Och vet att de offrar sin far eller son.
Bara den här gången?
Nej, de vill ha mer,
Åtrår mer, mycket mer.
Och ser på och äter
Och vet att de tvingar ner sin mor eller dotter.

Hur hanteras synen och dessa gärningar?
Med det där lilla pillret de har.
Det förvandlar dem
Till meningsfulla, till och med heroiska,
I den här olycksbådande verkligheten,
I deras vackra illusion
Där de tror att de är utvalda av den Allsmäktige
Att regera i hans kalifat
Och avgöra människors öde.

Deras mörka sida kommer upp till ytan
Som ett monster i maxstorlek,
Skapat och matat.
Nu släpps skapelsen lös,
Medan man lyssnar lite oseriöst
På skriken som hörs.
Medan man tittar lite oberört
På ärren som förblöder.
Låt huvudena rulla!
Påskynda processen och ankomsten av
Apokalypsen.

För dem är det en dröm som går i uppfyllelse.
Men för de flesta är det en mardröm,
En så orättvis styrelse,
Ett medeltida fängelse
Som rest hit utan tidsmaskin.
Vissa människor stannar trots allt,
Medvetna om vad som väntar.
Åh modet som krävs för att våga
Hindra deras framfart
Och bry sig om det som verkar gå förlorat
När ännu en by faller.

Det som en gång var levande och tättbefolkat
Faller numera sönder.
Kan det ske ett under?
Hoppet försvagas av ljuden,
Av ropen som stärker
Odjuren som drar henne

För ännu ett äckligt nära möte.
Förgriper sig på henne i flera timmar.
Och på resten – hennes döttrar –
Som tvingas möta deras hungriga blickar
Och tvingas känna de strypande greppen,
Nävarna,
Sparkarna,
Skärsåren
På kroppen…

En gravid muslimsk kvinna
Vacker nog att komma på, tömma i,
Röra vid henne brutalt
Och döda barnet i magen
Som ännu inte är fött.
En avkomma betraktad som otrogen
Innan han tagit sina första andetag:
En *kafer* precis som sin far.

Odjurens hunger tar aldrig slut!
Den växer när de får tillfredsställelsen
Av flickor och pojkar som kämpar
Under dem och skriker.
Hur gammal är den där pojken förresten –
Fyra år? Fem?
Väldigt välsmakande är han.
Smakar hjälplös,
Smakar rädd.

Vem mer finns i Guds rike?
De tror att de har makten,

Antar att ingen kan se vad de gör
Så länge det händer efter solnedgången.
De tror att Gud sover,
Antar att saker alltid kommer att vara
Så som de är.

Vad är det med det här landet,
Med den senaste tiden som har varit
Och den antika historien om det här världsarvet,
Som irriterar och aktiverar
Ett sådant infernaliskt hat
Mot människor och stenar
Och varenda port till det förflutna
Som de fortsätter att ödelägga?

Varför är det så?
Ser de människor som glor
Anklagande på dem
Och vet vad de gör?

Varför är det så?
Hör de folk som pratar
Om deras brott
Och vet vad kommer att hända med dem
En vacker dag?

Släggan svänger i ren förakt:
Den slår sönder ögonen
Och munnarna.
Men har den stoppat blickarna
Och rösterna?

Skulle de fortfarande stå där
Och känna sig hotade
Och fortsätta krossa och frukta statyer
Om omgivningen är besegrad?

De verkar ha ihjäl en syndig kultur –
Allt för att dölja det som skulle få dem att springa
Till där det inte finns någonting
Förutom förvrängda detaljer att gömma sig bakom.
Gömma sig från Anden som kan förvisa dem.
Den är här någonstans…
Vissa säger att den alltid finns någonstans.
De skulle önska att de aldrig var födda,
Aldrig gått på den här marken
Eller på någon mark överhuvudtaget,
Om den hittar dem först.

De slår så hårt de kan,
Men statyerna har överlevt i tusentals år
Och kommer att finnas kvar.
De formar dem till nya skulpturer,
Avslöjande bilder,
Vittnen om vad som begicks här.
Statyer som fortfarande stirrar på vad de gör.
Genomborrande ögon som lovar
Att munnen ska berätta
Berättelsen om varje skada
En dag när den kära världen kan komma
Och se med egna ögon öknens pärla
Och börja tro,
Börja lyssna på dessa vittnesuppgifter.

Där, i den idylliska pärlan,
Blev han brutalt överfallen. Ännu en son
Med köttet förtärt, benen bortkastade
I deras förföljelse.
Hans kropp dumpad i en massgrav
Bland andra barn.
Om han någonsin hittas en dag,
Betyder det att friheten har hittat sin väg
Tillbaka till det här landet.

Det hörs ett ljud…
Blunda och låtsas att det inte är där.
Om det finns något som heter tur,
Vakna upp en annan dag
Och se kvarlevornas hopfallande
Tack vare det slumpmässiga luftanfallet.

Det där ljudet…
Gå till ett gömställe.
Vid otur är ens hus också ens gravplats.
Det luftanfallet,
Vad dessa än är som faller
Ger mer av sina helveten
Till ett land som redan står i lågor.
Det där planet som kom för att bekämpa monstren
Kom med fler saker som dödar
Den som faller.

Det här är ett nytt kapitel.
Ett försök att släcka elden med eld,

Långt ifrån slutet av mammans tragiska berättelse.
Det här är ljudet.
Ett inferno som borde ge henne upprättelse.
Det där ljudet…
Spring!

Där är stridsplanet. Jägaren på jakt
Efter vad som fortfarande finns kvar.
Han är kvar –
Han med mustaschen
Och numera skägg som vuxit ut.
Så förstörd och sliten.
En son och inte ett monster.
Han springer…
Hans andetag hörs över radio
När han kippar efter andan.

Hans svett, den salta smaken,
Droppar ner för hans ansikte…
…Fångas upp på radarn.
Han har ingenstans att ta vägen,
Ingen annan plats. Han känner flåsen i nacken:
Det här är ännu en återvändsgränd.

Jagad av dem. Robotar som rör sig på marken,
Med känslor som en programvara
Och sinnen som en hårddisk,
Specialdesignade en gång i tiden.
Förprogrammerade för det här livet –
För att göra allt, för att mörda,
Och inte känna någonting alls.

Någon håller i fjärrkontrollen
Som raderar minnet med den knappen.
Tömmer allt,
Lämnar inga spår av människan.
Ingenting kan definieras
Som egna känslor
Och eget sinne.

De är någons legosoldater.
Någon är deras överordnad
Och ser till att dessa *takfiris* fortfarande lever
Och missas av precisionsattacker
Och fortsätter utgöra ett hot mot mänskligheten,
För att ha en anledning att fortsätta kampen.
Att rädda världen förblir
Den perfekta ursäkten.

Överordnad är flitig
Och alltid så intelligent.
Hanterar varje komponent som en marionett,
Låter dem göra det smutsiga arbetet,
Medan han är fin
Och alltid är så elegant.
Med en ren handske viftar:
Hej och hejdå,
Med vänliga hälsningar
Till de sköna sjöjungfrurna,
Som tjänarna tror att de kommer att möta
Men aldrig kommer att nå,
Och rikedomarna de aldrig kommer att erhålla –

Inte i det här livet,
Inte heller i livet efter detta.

Under tiden måste folk gräva djupt
I fickorna och betala en avgift
Eller konvertera till deras religion,
Följa deras regler
Och förbereda sig på att dö levande.
Eller samtycka till slakten
Och bli en slaktare
För att inte slaktas.
Det är levnadsvillkoren
Som borde heta dödsvillkoren.

Vem har oförskämdheten
Att beskylla föräldrar som kände sig tvungna att fly
Och skickade ensamkommande över havet,
Genom den farliga resan,
Till främmande länder på en annan kontinent?

Nå nya länder och ett nytt liv, kanske –
Om man har turen att överleva.
'Jag beklagar sorgen' kommer för få att säga,
Men visst måste ni lyssna?
De som anländer har en berättelse.
Det är en chans att nå ut –
Om ni inte tystar och skickar tillbaka
Mammans barn med nio liv
Som mirakulöst nog
Inte dog.

Flyktingar som inser hur nära ögat det var
När de flydde deras bomber och ombud
Och kontanter och intressen.
Kan inte återvända till mammans svåra död,
Men här är också svårt att stanna –
I en ny uppsättning regler
Och fler stängsel
Och stängda gränser.

I det här ökande hatet
Betraktas hennes barn som parasiter,
Invaderande ohyra.
Överlevande kommer inte att få tala,
Och om något ord läcker ut
Kommer ingen att tro.
Omvärlden stänger sina hjärtan
Och bråkar med varandra
Var man kan ta emot den här olägenheten som anländer,
Och kopplar ifrån vid frågan:
"Varför har våra namn blivit er rädsla?

Våra namn är just det – namn.
Till skillnad från namnen ni gillar att kalla oss.
Namnen som gör ont.
När vi blir namnlösa, kommer ni att förändras?

Varför har vår tro blivit er fobi?
Inte mycket sanning finns i myter,
I fördomar som ni bidrar till
Med pengarna som ni delar ut till sådana nyheter.
När vi lever utan kärlek, kommer ni att förändras?

Varför har tanken på vårt moderland
Förvandlat er till hycklare
Som älskar och accepterar,
Baktalar och svartlistar?
Ogillar henne ännu men tar
Allting hon har,
Som att plocka en sötsur frukt från dess träd.
Pressa ut saften,
Dricka den färsk,
Slänga bort skalet
Och påstå att fruktköttet var ruttet.
När vi blir hemlösa, kommer ni att förändras?

När vi inte har någonting kvar, kommer ni att förändras?

När ännu en barnkropp spolas i land,
Kommer ni att känna och vakna och erkänna
Vad ni har gömt i er garderob?
Kommer ni att ta ett steg fram,
Göra det rätta och sätta stopp för pågående strider?
Kommer ni en gång för alla
Sätta eld på era personliga tillhörigheter
Och låta skeletten i garderoben dö därinne?”

Så många tårar som rinner
När barnen börjar berätta
Utdrag av mammans berättelse:
Vad ert spel har gjort med henne
Och vad drogen har gjort med dem…
Ni lyssnar och gråter.

Det får henne nästan att förlåta er –
Välvilligt? Dumdristigt?

En flod av krokodiltårar gråter ni.
Det är inte av sorg utan av glädje.
Ni ser blodiga strider
Och tycker det är en härlig syn
Att ett land långsamt dör
I ert rampljus.

Miljonkronorsfrågan lyder:
Vem kommer först på listan?
Vem är den värsta
Av alla varelser som någonsin existerat?
Är det monstren med gärningarna?
Är det överordnade som dirigerar?
Är det medlemmen som ser och går med
Eller helt enkelt inte ser
Och har den otroliga fräckheten
Att säga platsen, mamman,
Behöver den här förändringen?

Sannerligen finns ingen skam kvar i era kroppar.
Ni kan åtminstone ha anständigheten
Att inte kalla det demokrati.
Hennes barn talar,
Önskar att utdragen var överdrivna
Och berättelsen påhittad
För att inte behöva se henne lida
I det här nya livet som ges
Och gamla livet som tas.

Hennes begränsade, bristande men någon slags frihet
Bortbytt mot det här helvetet
Där allt sägs vara bra.

Det är ett perfekt liv.
Någon ligger i sin pool med ansiktet nedåt,
I en pöl av blod. Skulle ni vilja ha det här hos er?
Skulle ni titta på och inte slå ner med våld?
Batonger som träffar ansiktena och huvuden,
Tårgas som separerar och avslutar showen –
Utplånar den innan den växer.
Så enkelt är det.
Där ni bor har ni lagar
Och förbjuder fridstörare
Som ni annanstans kallar frihetskämpar.

Där mamman bor sörjer hon
Att ni betraktar hennes hus som värt att erövra
Eller inget värt att försvara.
Hennes religion förvrängs och förvandlas till våldtäkt,
Den där rena tron gråter ensam!
Att döda en är som att döda hela mänskligheten.
Gud förbjuder det!
När fornforskaren halshöggs, visste de inte om det här?
När kroppen hängdes upp i en pelare på torget,
Vad var hans synd?

Hennes barn förrättar bön
Om förlåtelse, om tålmodighet,
Fem gånger om dagen
För att orka stå ut med lidandet

Och det giftiga hatet
I hjärtat som ärligt talat är trött.
Ni hittar på vilka andra skäl som helst
För att förklara de enorma vågorna
När folk anländer i överfulla
Opålitliga gummibåtar.
  "Förtryckta, oppositionella.
Arbetsskygga, opportunister.
Rånare, tafsare" sprider ni lögnerna.

Så ligger det inte till. Vet ni ingenting?
Människors liv har fallit sönder, det är sant,
Men ni missar berättelsen
När ni avvisar hennes barn.
Och när hennes barn hittar ett sätt att ta sig igenom,
Tala i en minut eller två,
Börjar ni planera en annan
Hämnd mot mamman.

Varifrån kommer migranterna?
Nämn inte offren därhemma.
Strunt samma. Låt alla slängas i ett hål
Och tala inte mer om det här.
Varför skulle någon ångra sig?
Hur som helst kommer omvärlden att glömma
Och aldrig ompröva beslutet förrän dagen
Då ondskan ser sitt nederlag
Och odjur lämnas utan någonstans att ta vägen
Och återvänder till ställen de kom ifrån.
Alla ska då känna rädsla,
Smaka på sin egen medicin.

Det kommer att vara rätt tillfälle att påminna
Om rösterna, om de som ni hatade:
Barnen försökte varna er,
Kom till er i era drömmar till och med,
Men ni föredrog att ignorera.

Nämn inte ännu en liten pojke
Som står bredvid sin pappa.
En röst så ljus
Som upprepar deras läror
Till en hel generation av oskyldiga.
Reciterar vad han vill bli när han blir stor
Och vad han måste göra mot dem
Som inte är som han.

Stolt står pappan nära sin son
Och får honom att titta.
Får honom att slakta
Sin nalle till en början.
Tills lillen blir stark nog att belönas
Med en tyngre leksak
Som i hans lilla hand placeras.

På så sätt tar pojken sina första steg
Som en oskyldig bödel –
Den yngste i historien.
Han vet inte hur man slutar.
Han går fram till alla barn som inte är som honom.
Han reciterar vad han har lärt sig,
Följer reglerna
Och fortsätter att upprepa efter sin pappa.

Böcker bränner de på bål,
Och skolor förvandlar de till förvaringsställen
För fler skjutvapen
Som barn ska hålla i.
Deras fingeravtryck är överallt.
Dessa små monster är ämnade att följa
Fotspåren på de likasinnade vännerna som bombade
Och mördade den predikande imamen vid sin *minbar*
Och sköt prästen som vägrade rädda sig själv.

Rakryggade, klädda i svart
Och redo att anfalla.
En ny avrättningsgrupp håller de där tunga vapnen
Med sina små händer.
Ord kan inte beskriva sorgen!
Se på de här unga,
Se vad framtiden har att erbjuda.

Något måste bara göras.
Vågen är i rörelse:
Balansen lär tippa till fördel för
Den fruktade sidan,
Den skadliga sorten.
  ”Mer än vad den redan har?”
Skulle vissa hopplöst fråga,
För mörkret fortsätter att förtära
Allt som kommer i dess väg
Och ger intryck av att det aldrig kan omintetgöras.

Kanske är det sant,

Kanske är det omöjligt.
Varför skulle någon plats vara annorlunda
Alla andra som kapitulerar inom dagar eller timmar?
Kanske är morgondagen förlorad,
Kanske är det helt enkelt försent
När enheter av det maskerade gänget invaderar.

Svarta flaggor hissas
Över hela landet med sådan fart.
Det har inspirerat så många
Från hela världen att ge sig ut på en resa
Av ett annat slag
Som leder in till det allra mörkaste av mörker.
Några av dem så unga att det är värt att gråta över,
De hade hela livet framför sig.
Mamman skriker och det hugger till av smärta
När inte många verkar hindra
Resenärerna från sig själva.

Uppenbarligen anses den här platsen
Vara den största lekplatsen
För de med våldsamma behov.
Kampen annonseras som en rättfärdig plikt,
Till och med helig.
Mamman betraktas som en billig köttbit,
Allt är för enkelt –
Man underskattar den gamla kvinnans uthållighet,
Hennes otroliga kapacitet
Som leder vägen mot frihet,
Och hennes barns vrede.
Rösterna från de tystade som hamnade i bakhåll.

Något måste göras.
Mamman skickar en officiell inbjudan
Bara till honom. En vän reser sig nu som en kejsare
Och han kommer inte att tillåta
Det här välbekanta mönstret av terror
Och utbildade spindlar, svarta änkor,
Spridas och stärkas
Som när de tog sig igenom hans egna gränser
För inte så länge sedan.

Hon samlas runt ett bord med sin allierad,
Håller bordet med båda händerna…
För alla de som tvingats ner på knä.
För de som i det här ögonblicket drunknar i havet.
För de som lider.
För de som inte har tak över huvudet.
För de fängslade sönerna och döttrarna
Som släpas av fordon på gatorna
När odjuren visar upp sina slavar
Och placerar dem som mänskliga sköldar.
För de misshandlade, våldtagna, saknade
Barnen.

Vänd borden,
Tippa över alla vågar!
Kom till alla ställen
Och snälla bromsa mammans fall!
Folk hoppas att det här är goda nyheter.
Folk har inte möjligheten att vägra.
Här är desperationen verklig,

Därav känslan av glädje och spänning.
Den här hjälpen är så överväldigande.

Det måste finnas en anledning,
Kan vara en skuld som måste återbetalas i framtiden,
Men någon har åtminstone brytt sig.
Tusen tack någon därute.
Ett land som är modigt nog att stå upp
För andra, inte bara för sig själv,
Även om man också gör det för sin position.
Visar upp sina muskler,
Visar upp sin intelligens,
Utmanar maktbalansen i den här krisen.

Vad anledningen än är,
Innehåller hjälpen inget stöd till monstren
Som gör ökända avrättningsfilmer
Med gisslan i huvudrollen
I mammans hus.
Den sträcker ut sin hand,
Tar under sina vingar
Hennes barn, som en sann morbror,
Och låter fienderna veta
Saker och ting håller på att förändras:
De bortglömda går framåt,
De är inte ensamma längre,
De är inte ett lätt byte
För stridsplanen som flyger
Och monstren som kommer.

Ja, monstren har varit flera steg före,

Men nu ligger hon hack i häl på dem.
Hennes vän sover med ögonen öppna,
Medveten om att monstren kan komma
Till hela världen en dag.
Det kan hända vilken dag som helst,
Enligt en tidigare erfarenhet.
Fler av dem, fler terrorceller,
Är vilande och väntar på att aktiveras.

När den tiden kommer,
Vem hoppas inte hellre på en väns barmhärtighet
Än en fiendes grymhet?

GLÖM NAMNET (2016)

Deras barn bär på en mörk hemlighet
Som bara de vet.
De berättar inget.
De ser på henne växa upp.
Uppfostrar henne och väntar tålmodigt...
Uppmuntrar till en dold avsikt...
När hon börjar gå blir hon
En liten flicka bortom all misstanke.

Inga tårar i ögonen,
Inte ett enda tecken på ånger,
Trots att de vet vad det här betyder.
Snart ska ett bälte runt hennes midja fästas.
Snart ska folks uthållighet i sorg och fasa testas
Med mer smärta i Hans namn.

Inom kort skickas hon dit.
Ett par gifter sig.
Hon kommer närmare
För att räkna på sina fingrar
Hur många familjer samlas.
Hon är verkligen bortom all misstanke
Och för söt för att hindras.

Mamman kan inte låta bli att protestera
Och, till skillnad mot föräldrarna, gråta.

Inte jubla. Vråla tills lungorna gör ont!
Men det gör ingen skillnad,
Hjärtat känner ingen ånger
När de trycker på knappen.

Deras lilla flicka
Och ytterligare ett par liv
Förlorade.
Och de kallar det här eländet,
Blodfläckarna på brudklänningen,
En seger.

"Det här hade vi inte i mitt land förr" klagar mamman
Medan hon på något pekar,
Men det spelar ingen roll vad det är.
  "Vad har ni egentligen?" skrattar sympatisörer.
  "Familjer som letar efter rester
I soptunnor.
Barn med svaga kroppar,
Sjukligt magra,
Revbenen synliga under huden
Nuförtiden."

"Vi ger dig lite!" lovar de henne.
  "Något att äta? Jag är inte här för att tigga."
  "Något bättre. Vi ger dig vår tankeskola."
  "Jag minns ännu..." ryser hon av obehag.
  "Vill du ha den?"
  "Nej tack" ber hon återigen inte om mer.

"Ändå kommer du få den.

Vi har mer att ge,
För resenärer fortsätter att resa.
Vi vill inte ha dem för oss själva
Men vill att de ska fortsätta leva.
Och så finns de moderata rebellerna,
Femton tusen av dem
I det hemliga programmet
Också tack vare dina grannar.
Kände du till det här?
Hundratals miljoner har det kostat oss.
Se hur passionerade vi är
Över dig, vår lilla fångst.
Vi kan inte bara slösa
Tills all vår kärlek är borta,
Vi måste få behålla."

"Älskar mig? Det menar ni inte!
Känns det bra att era pengar spendera
På era okända utsedda?
Slagfältet är kaotiskt:
De kämpar med den där Fronten,
På deras sida,
Allt går fel. Var det planen hela tiden?

Visst är det ert bekymmer.
Gissa vad som hamnat där? Era förnödenheter.
Bara några få män gick inte över
Till målet de skulle slåss emot.
Till extremisterna anslöt de sig genast.
Kan det här vara annat
Än en total katastrof?

Kanske hade vi inte nått den här nivån,
En sådan ökning av dödsfall,
Om ni och ett åttiotal stater slutade lägga er i
Och tog itu med ert underlägsenhetskomplex.
Om era glupska ekonomiska intressen
Inte formades av mitt elände.
Om ni inte hade utplacerat er konstruerade armé,
Om ni inte beväpnade istället för att avväpna.
För att åstadkomma vadå för något?
Vill ni att statyerna av styrelsen ska rivas
Eller att monstren ska hindras?

Era olika sätt att rädda mina barn –
Det här och Timber. Vad mer är hemligstämplat?
Ett klassiskt mörkläggande
Allteftersom åren går och lögnerna förblir desamma.
Varför ska de någonsin förändras?
Förrädiska värld,
Glöm mitt namn.”

”Glöm oss” ekar en ohörd läkares röst.
   Han rusar runt, på ett osynligt sjukhus,
Mellan komplicerade kirurgiska ingrepp.
   ”Glöm vårt namn,
Dagen ni hörde talas om oss
Och kom för att rädda
Den här nationen som ni fortsätter att skada.”

Närmare örat håller han den gamla luren
Och kan inte prata för länge.

"Är det er skyldighet att skydda?
I principens namn söndrar ni och härskar oförskämt
Det här folket som lever i samexistens."
    Han tänker på städernas historia,
De stora civilisationerna,
Skapandet av vackra former.
Det första kända alfabetet
På kilskrift, på lertavla,
Som finns kvar än idag.
Det arameiska språket som bevaras
Av kristna och muslimer tillsammans.

"Vem försöker ni utbilda?
Vad är er meritlista?"
    Kategorisera individen,
Kalla den alla de fula orden,
Spotta på ansikten som visar
Ett visst påbrå
Och sy ihop läpparna som yttrar
Ett annat modersmål?
Hata hudfärgen,
Skandera de där apljuden
Och tillåta rasister vinna många strider?

Vem kan förmå sig att lära sig
Att acceptera dessa synder?
Drar bort slöjan från huvudet
För att blotta det som finns under.
Kränker även de döda,
Urinerar på den obefintliga graven.
    "Hur är det här äckliga sättet

Att handskas med bröder och systrar
Inte en oroväckande utveckling? Ursinnig?
Vi kommer inte att mata hjärnan
Med er visdom – den är vanvettig.

Men ni ger er inte iväg.
I vårt hus stannar ni kvar
Så länge ni kan stanna
Och tar en tugga
Och försöker sluka
Allting vi äger,
I vår tid av svaghet
Och ert ögonblick av makt.

Befria oss inte!
I våra gamla seder
Är vi stolta arkaiska.
Vi kan lösa våra egna problem.”
  Ett misslyckande, anser de.
En fars, stämplar de.

”När har ni någonsin tillåtit oss,
Hört på oss, ens tittat åt vårt håll?”
Ropar den ohörda från det osynliga,
Avskyr de felaktiga påståendena.
  När har det funnits en enda stund
Utan deras övermäktiga tendens att inkräkta?
  ”Sanning förvandlade ni till gift
Och matade det här folket
Och omvärlden,
Vände dem emot oss.

Gör mig en tjänst:
Lämna oss.
Vårt land, våra syskon, oss själva,
Er tunga börda – människorna ni kom för att rädda
Och förslavade.
Lämna landet ni kom för att ändra
Och brände.
Glöm namnet." avslutar han.

Efter allt som har sagts
Kan ni inte förvänta er att mamman ska backa
Och ge upp familjen hon höll ihop
Och förbli inlåst
I sitt utsiktslösa läge –
Söndersliten,
En arm och ett ben åt varsitt håll.
Hon vet och kan inte ignorera
Att hon har flera barn bland dem
På andra sidan den här staden
Och på den här sidan.

En osynlig mur separerar,
Men är snart på väg att falla.
Media förutspår deras undergång
Och det börjar storma:
"Hjälp mamman" skriker de.
  "Världen måste rädda oss
Från en förintelse" skriver en annan 'liten flicka'.

"Stackars barn! Tänk på barnen!"

Ekar media, regeringar, världen
När det fotot sprids.
   En oskyldig själ är det.
En smutsig, nedblodad pojke är det...
Mamman är i chock tills hon inser
Att hon undrar varför ingen undrar
Varför han inte gråter?
Hon skakar på huvudet,
Hon vet att det inte är sant.

Vad komplicerat det är!
Om de inte vill lyssna,
Lämna då åtminstone.
   ”Gå via den där korridoren,
Gå ombord på de gröna bussarna”
Försöker mamman övertyga
Och sammandrabbningar undvika,
Men klargör att nu finns ingen återvändo.
   Familjer som särades kommer att mötas
Trots förutsägelser och skrik.

”Det här blir det sista meddelandet”
Skriver den lilla flickans förälder igen,
Besviken på världen.
   Det var hon som skrev hela tiden,
Aldrig flickan.
   ”I morgon kommer ingenting att finnas kvar –
Ingen kommer att finnas kvar.
Farväl, mamma. Jag antar
Vi ses i helvetet.”

Och så gråter ni allt vad ni har
För det sista sjukhuset som fanns kvar,
Men inte för det osedda.
För den sista läkaren som stannade kvar,
Men inte för den ohörda.

Inget alls är kvar.
Visst är det värt att gråta över,
Oavsett vilka omständigheter
Eller vilka sidor!

Men imorgon
Gråter ni allt vad ni har
Återigen – varför?
För det sista sjukhuset som fanns kvar,
Läkaren som stannade kvar.
Återigen finns ingenting kvar när de,
I en ny dag,
Uppstår med andra namn
För att offentligt dödas igen
Och igen
Och igen.

Var rättvisa och lova,
Alla som läser det här,
Att ni tänker efter två gånger –
För varje sida en gång.
Lova, ni runt om i världen,
Om ni hör talas om de mordiska tunnbomberna,
Att ni hör talas om de förrädiska projektilerna.
De också.

Lova, tänkare och domare,
När ni ser saker som beslagtas,
Att ni också märker
Fabrikerna som har monterats ner
Och transporterats över den gränsen
– Stulna –
Och de få som står kvar
Med fönsterrutorna målade
Med färg som täcker synen,
Täcker arbetarna som inte ska synas
För att inte bli måltavlor och skjutna.

Lova, sanningssägare,
Om ni avslöjar de omänskliga förhållandena
I de torterande fängelserna,
Att ni också skrapar på deras yta
Och avslöjar de dolda tunnlarna,
Sharia domstolarna,
Kvinnoförtryckarna,
Al-Qaida efterträdarna,
Självmordsbombarna –
Dessa andra sanningar,
Även om de tar illa upp och förnekar.

Lova, stater,
Om ni ogillar hans och hennes förhållande,
Att ni ogillar varje hemligt förhållande bevisat.
Den grannen,
Den situationen
På den vidöppna vägen

Där man vinkar med handen,
Hälsar på de fruktade monstren
Med orden 'Okej storebror'
Och hör dem svara förtjusta.
Den där telefonutskriften,
Samtalet med de där extremisterna,
Som avslöjar att deras fiendes fiende
Är deras vän,
Inte bara en bekant.

Lova, människor,
Om ni bryr er,
Att ni inte står vid den här sidan
Och att ni inte står vid den där sidan.
Lova att ni står vid livets sida,
Eftersom folket betalar priset
I väntan på att de ska verkställa
Den resolutionen
Tjugotvåfemtiotre.

Lova att försöka förstå
Att idag är hennes födelsedag.
I år, annandag jul,
Är hon född på nytt. Hon är fri.
Här är hennes födelseort,
Den här staden
Med tre bokstäver.

Idag är mamman född,
Fast hon har levt förut.
Idag kan hon andas,

Idag tvingas de lämna –
De som inte trivs med fred.
Svarta flaggor rivs ner av hennes barn!
Idag är västra och östra delen av staden,
Delar av hennes familj,
Återförenade och sprickor på marken borta
När den smälter ihop till en.

Idag skriver hon
På sin svettiga panna
Namnet på den här platsen:
Första bokstaven ur orden
Hjälte,
Legend,
Behjärtad.
Och över hela ansiktet
Lyser namnet. Där är hon,
Den nyfödda optimisten.

Nu när det är möjligt,
När man inte hamnar i trubbel
För att man berättar, låt oss prata
Om en kvinna som här födde sitt barn
För tidigt.
Hon födde ensam
Och ammade sitt barn, det gråtande lilla hoppet,
Bara en enda droppe.

Den där hjälpkonvojen
Och dess innehåll sågs aldrig.
Det hon fick veta här i staden

Var att ingenting hade kommit.
Hon blev grymt berövad maten
Med den där lilla lögnen.

Den var väl dold,
Förvarad i hemliga lager
Som aldrig skulle ha existerat.
Platser som ingen kände till eller kunde komma åt.
I sinom tid avslöjade ändå.
Stället här är nu befriat,
Eller 'har fallit'
Som de föredrar att kalla det.

Här finns allt som behövs
För att baka bröd.
Här är mängder av mediciner.
Det här är en stor samling,
Ius gentium når sin maximipunkt
Där mamman hade svält
Och barnet hade gråtit
Och av sjukdomar lidit
När han lämnades obehandlad
I den här galenskapen.

VAKUUM (2017)

Tvivla inte.
Börja inte undra
Över kamerorna som filmar.
Bara beundra
Att de är på rätt plats
I rätt tidpunkt.
Kanske är det en slump
Även när det inträffar mer än en gång...

Där snurrar livet
Som en slumpmässig roulett:
Svart står för attack,
Rött står för dödande.
Där berättas ökända vittnesmål:
De är rädda för
Det som förintar allt
Medan döden fortsätter att jaga dem.

Mellan två fingrar
En cigarett de håller.
Ur munnen kommer
En puff mörk rök...
Är de inte rädda
Att de kommer kvävas?
Fastslog de inte
Att luften är giftig?

Det var deras ord.

Där bevakas hemska händelser,
Men deras ärmar täcker inte
Huden på armarna. Den är utsatt.
Känner de ingen smärta?
Skramlade inte skrikarna
Att luften är giftig?
Alla minns yttrandet,
Deras stund i rampljuset.

Nästa gång är det dags att glänsa
Under solljuset, under rampljuset,
Medan sanningen går igenom
En moralisk nedgång.
Plötsligt vet de säkert
Att något kommer inträffa.
Snabbt på med hjälmarna.
Där kommer de ännu en gång.

Tre, två, ett – kör!
Alltid på rätt plats
I rätt tidpunkt.
Ett rendezvous måste det vara.
Vad snällt att de blir informerade,
Får ett samtal från välunderrättade
Som informerar när och var
En spektakulär inspelning är inplanerad.

Varje gång i rätt tidpunkt.
Borde få pris,

Därför så värda att med en Oscar belönas.
De behöver inte berätta,
Vi borde kunna urskilja
Vid det här laget
Det här mönstret
Och veta själva
Inte var och när,
Kanske hur, men framförallt varför
De ännu en gång är där.

Finns det en avgörande strid
Eller en efterlängtad försoning,
Kommer någon att lägga schemat –
Ännu en film för kameran,
Ännu en fimp mellan fingrarna.
Tittare, håll utkik:
Ingen rök utan eld.
Där knullas alla hjärnor
Med dessa osammanhängande ord,
Med dessa osammanhängande berättelser.
Panik, hosta, kvävning
Och rökning.
Gift som tvättas bort från människors hud
Medan man i kortärmade skjortor går runt.

Datumen må inte vara desamma
I takt med nya konflikter
Som heter nya namn,
Men kvar finns den där taktiken
Från före självständigheten
Tills nu och för alltid:

Att sönderdela,
Divide et impera.

Splittra ett starkt folk,
Bryta ner i små delar.
Arbeta sig in i sinnena,
Viska i öronen deras giftiga tankar...
Låta familjemedlemmar hata varandra
Och göra jobbet åt dem.
Se syskon rikta vapnen mot varandra
Och göra det enkelt för dem som tittar.
En bror kommer att skjuta en bror,
En syster kommer att skjuta en syster,
En syster en bror, en bror en syster...

Medan de tar vad de vill
Till sig själva
Och täcker för med händerna
Och vattnar sedan tankarna
Med mer av det långsamt verkande giftet
Som håller syskonen, med hat förblindade,
Borta från ljuset.
Medan de tar vad de vill
Och lägger det i fickan.

Och så ser de,
Smyger,
Splittrar
Och hånar.

Det händer

När det finns ett tomt utrymme.
I kristider.
När det inte finns tid att vänta
På det rätta och felaktiga.

De tar tillfället i akt.
Ser tecknen,
Utnyttjar svagheten,
Drar nytta av den och tiden.
Fyller vakuumet med deras närvaro.

Man måste acceptera.
Kommer att hålla med och historien förneka
Även om man är medveten
Om hur tidigare erfarenheter
Med dem gick åt skogen.

Se det som ett termodynamiskt system
Försett med extern värme
För att uppfylla dess behov
Att fungera,
Att existera.
En av många fysiklagar.

Många namn och kort finns i spelet,
De flesta av dem redan använda
Och bortslänga
När de var för moderata, för extrema,
För den här mammans motarbetande civilisation.
Här är den kommande scenen
Där två kort återstår —

De enda med hållbara egenskaper,
Med inflytande på marken.
Så omsätt i praktiken
Det som aldrig blir för gammalt,
Den där tidigare nämnda taktiken.

Spela de korten skarpsinnigt
Mot varandra.
Pressa så att det ska finnas
En ironisk tävling bland hennes barn:
Vem kommer att försvara samma land,
Vem kommer att rädda samma mamma,
Vem kommer att besegra samma fiende?
Förvandla de två till förlorande kort.
Återupprätta hoppet för legosoldaterna,
Som redan har förlorat, så de kan vinna igen.

Hjälp till att bygga en enande federation,
Men omdefiniera en sådan vision
Så det verkar vara en separerande uppdelning.
Så frön av misstro.
De som observerar gärna
Kan ett maskerat hån rikta.

Låt det här vara en av många scener,
För det bästa har inte kommit än.
Låt syskonen aldrig stå tillsammans,
Förenade, någonsin igen.
Låt syskonen förlora
Allt som under åren vunnits.
Lämna kvar bara hånfulla skratt

När syskonen slåss mot varandra,
Trycker varandra över kanten
Och bjuder in bortjagade monster
Till befriade områden
I ett läge av okunnighet.
Syskon som inte kan se
Vem som leker med båda dårarna.
Syskon som inte vet
Att det leder till slutet på båda styrena.

Historien kommer inte att tillfredsställa
Deras nyfikenhet när den fastställer
Identiteten. När de där syskonen styrker
Sin identitet. Minns de ökända älskare –
Det stod inte älskare på honom,
Det stod inte älskarinna på henne,
Men ändå skrevs det in.
De spottar fortfarande
Och antar fortfarande,
Tillåter anklagelserna att fortsätta,
För bröder och systrar betyder ingenting för dem.
Skulle inte riskera livet för dem,
Skulle inte förstå med hjärtat så kallt
Och känslorna så bedövade.
De skulle ligga med vem som helst.
I deras tankar finns bara män och horor
Och smutsiga avsikter.

ANDAS TILLTRO (2018)

På något sätt hade goda nyheter hittat sin väg,
Mestadels genom viskningar
Som rört sig genom öknens sandstormar,
Förbi fångvaktarna
I de östra delarna…
Hittat människor som lever under belägring.
Hittat till öronen
På de avskurna från omvärlden.

De där barnen hade önskat sig en kopp te
Och hade sällan hittat en.
Den här omringade staden hade svält
Och överlevde dagen med nöd och näppe.

Dock har den aldrig varit en gudsförgäten plats.
Plötsligt föll maten ner
Från himlen och lindrade,
Som regndroppar i svår torka.
Gåvor som var himmelssända.

Sch… folk hade fått höra talas om en annan plats
I närheten, så tappert befriat
Från klorna på de där monstruösa varelserna.
    ”Kan ni höra oss?
Vänligen ta emot våra lyckönskningar…”
Hade män och kvinnor viskat

Med kärlek, med omsorg.
  Viskningar som andades tilltro.
Väntade på den dagen alla sliter sig loss,
Visste att fångvaktarna sågs
Springa för livet.

Stoppur från förra september
Har stannat. Visar tiden:
Tre år och två månader
Hade den belägringen varat.

Mamman uttrycker sina djupaste sympatier
Till offrens anhöriga.
Hon kallar alla sina barn för martyrer
Som bidrog till att monstren
Förlorade sina beryktade fästen
Och sin fruktade huvudstad.

Utländska resenärer har minskat i antal,
Inte lika sugna på att dö.
Den resan, den trenden,
Inte lika attraktiv längre.
Deras 'lysande' dagar är över
Liksom deras skräckvälde.
Deras stat har rivits från kartan,
De har besegrats två gånger.
De är numera fångar
Och överordnad är ovillig att repatriera
Dessa robotar.

Ett annat kort slängs bort,

Lämnas kvar i de överbelastade lägren.
Ironiskt nog verkar det som mammans barn
Måste behålla det där skräpet.

Vissa hade besegrat deras föräldrar
Endast för att synas och prisas.
Hon som gjorde det för livet försvagas,
Han som gjorde det för kärleken ignoreras.
Glöm det. Kriget ska fortsätta
På ena eller andra sättet.

Ingen vill ta hem dem.
Det finns ingen sympati förståeligt nog,
Men tyck synd om deras avkommor!
Vissa så små,
Till och med nyfödda,
Omedvetna.
Föddes in i den kriminella världen.

Överordnad kommer inte att erkänna
Förlusten. Gillar inte,
Accepterar inte det slutet.
Skickar in en annan allierad istället.
Vem kommer härnäst?
Vilka andra uniformer,
Vilka andra påhittade namn?
Titta i det förflutna,
Krigets historia berättar att alla är likadana.

2016 påminner, visar ett exempel
På deras likheter som följer ett mönster.

Det där våldet och det där tänkandet.
Båda uppenbart besläktade,
Extrema och moderata väsen,
Två sidor av samma mynt.
När filmen om en pojke på en pickup släpptes,
Fick man kämpa för att inte svimma
När man tittade på hur rädd han var
Och hur de hånade honom,
Omringade honom,
Drog hans hår,
Berättade för honom att de är värre än monstren.
Halshögg honom, lätt som en plätt.
Kallade det därefter för ett individuellt misstag.

De behöver inte titta för långt bort,
Ersättaren finns närmare än man kan tro.
Grannen är fienden vid gränsen.
Han har varit där hela tiden,
Har ett finger med i spelet.
Nu är det dags
Och han avgudar strålkastarna,
Otrevlig nog att avslöja sig själv.
Följer inte lagen,
Trampar sönder den,
Kunde inte bry sig mindre om den –
Har helt klart fått klartecken
Att ingen kommer att bry sig
När han med sina män intervenerar.
Och så blandar han sig i.

Hur är det med den norra linjen

Som kallas gränsen?
De ritar en ny på kartan,
Låtsas som om den förra aldrig var –
Gillade den helt enkelt inte som den var.
Använder sin auktoritet för att bestämma
De facto stat eller inte.
   ”Inte tillåtet” förbjuder de.

De tar, de ersätter
Och sin egen stat etablerar
Istället, som om allt är deras.
Olagligt, men återigen vem bryr sig?
Två minus ett för den förlorande sidan
Är tre för dem,
Fyra, fem, sex … tio.

”För att förhindra, för att försvara” hävdar de
Och hittar på ett inbillat hot
Där tomma händer utgör ett hot mot vapen
Och trötta fötter utgör ett hot mot F-16.
   Internationell rätt, var är den?
Grymheter har väckt omfattande fördömanden
Och inget mer.

Brutna olivkvistar på marken
Hade byggt en bro
Som två älskandes armar sammanflätade,
Människor och platser förenade.
Dessa brutna olivkvistar
Är platser i hjärtat
Som har fallit samman.

Dessa brutna olivkvistar,
Fördetta gröna
Skönheter.
Varje tecken på liv har stört
De som förstör.
Dessa brutna olivkvistar
Är nu torra, men inte av solen.
Förbränningsrester, aska.

En kvävande lukt kommer därifrån.
Tjock rök
Får en att gråta.
Det är tårgas, men inte från behållare.
Det är naturen som sakta brinner ner
Däruppe i norr.

Och därnere i söder
Stirrar ett annat av hennes utsatta barn
På sina egna illaluktande fingrar.
Det är något som dröjer kvar…
En tanke, en känsla inombords.
Tio fingrar måste betyda tio år.
Mer, mindre? Hur lång tid har gått?
Hon tittar på sin femåring som föddes här.
Han är hennes dagbok,
Hennes enda kontakt med tiden.
Oändligt mycket tid har gått.

Hon är inte den enda
I det här fördömda hålet,

Så centralt men ändå så gömt.
Var säker, det finns många fler
Människor som har försvunnit
Och fler hål i den här enklaven
Någonstans.

Titta på honom: en annan son är förlorad.
Han har grus under naglarna.
Oslipade stenar, vassa som knivar,
Skär huden av hans fingrar
Som i tvång gräver marken.
Han gräver sin grav, utom räckhåll,
På sin nya plats, under jorden,
Där ingen kan söka
Och ingen kan finna.

För när helvetets dörrar öppnades
Förvandlades folket till fångar
Och skuggorna fördjupades
Och kastades på den säkra marken.
Något hade lurat bakom hörnet…
Ett smygande ljud,
Djävlarna som kom hit.

Om bara marken kunde tala
Skulle den berätta om det outtalade.
Dess änglar var sargade,
Jagades ikapp och tvingades lämna.
Men vart skulle man fly?
Det fanns ingen säker plats.
Spåra vart det leder,

Blodet som spilldes
Och som sin väg flyter
Sorgligt ut ur venerna som skars.

Ingen hade levt utom djävlarna.
Kanske hade tiden stått stilla.
Tills idag, i gryningen,
När solen visar sig över kullarna:
Res er och var starka
Ännu en gång.
Städer och utkanter och berg,
Befria er från projektiler och splitter.
Var fria, änglar!

KASTA ROSENBLAD (2019)

Mamman kan inte annat än beklaga
Att hon levde för att se den här dagen komma.
Hon antog, alldeles för enkelt,
När hon bjöd in honom för länge sedan,
Att hennes granne skulle vara som hon är
Och att han skulle tycka om henne
För de bodde granne med varandra.

Fortfarande grannar.
Men inbjudan har dragits tillbaka.
Vad ska man göra med dörrar
Som vidöppna hål agerar?
Icke kontrollerade ingångar
För de som är ovälkomna.
Bjuder in de objudna.

De där dörrarna är
En gränsövergång för rånare och våldsverkare.
Hos grannen samlas de
Och gratisbiljetter delar han ut vid gränsen,
Med instruktioner att följa skylten
Där det står 'fri'.
Den går inte att missa –
Den har inte två stjärnor utan tre.

Det finns inga dörrar längre,

Hennes hem står utan skydd –
Hennes dotter står helt ensam.
Ja sårbar, men bli inte lurad
Av hennes hår och den vackra flätan.
Sina naglar hon visar,
Viftar med de vassa rakbladen.

Hon kommer att stå emot till sista andetaget,
Viftar nära hans ögon tappert
Med sina klor:
Ta en ordentlig titt, terrorister.
Men klorna är som små tassar
Jämfört med deras tunga armar.

Hon borde vackla och falla ner,
Men hon är orubblig och för stolt
Att kapitulera. Hon ropar högt,
Väcker alla som är i närheten,
Beväpnar sig med sitt liv
Och själ – det är allt hon har kvar.
Det här kommer att göra ont…

Hennes allierade låter inte henne ropa på hjälp.
De drar henne i armen,
Eller vrider den, så att hon ska komma.
Försöker dra bort henne från den vägen,
Gör allt för att dra henne tillbaka
Från allt som kan leda henne
Till säkerheten, till brodern,
Som de fortfarande kallar hennes älskare.
Insisterar fortfarande trots det som avslöjats

Angående honom och henne.

Vad är det här om inte
Ännu ett knivhugg på ryggen
Från de ryggradslösa
Som låter sina ombud riskera livet?

Behöver hon från norr påminna?
De har bestämt sig,
Valt grannen däruppe
Och med honom står de.
Käre svekfulle granne,
Mamman lär vara dig mycket tacksam
För att du tvingar dem att äntligen välja
Och avsluta det löjliga försöket att balansera
Mellan båda ärkefienderna
Och ha båda som sina allierade
Och säga liknande kärleksförklaringar till båda –
Löften som var ingenting värda.

De förnekar att de har ställt sig på hans sida,
Men hon vet vem som öppnade dörren
Så att hans våldsverkare ska komma in.
Lägg märke till hur de flyttar bort
När grannen börjar plundra
Så de inte kommer i vägen.
Vapnen bara strömmar in
Och kulorna är tänkta att träffa henne –
Deras allierad tidigare.
Deras val är en permanent stämpel.
Ge henne därför tillbaka den armen!

Den är hennes att dra tillbaka, att behålla
Och att sträcka ut för en annan sida att hålla
Och skaka hand i fred.

Deras drag är beständigt förräderi.
Hon är säkert medveten om orsaken
Vid det här laget. Att hon betraktas
Som en utspelad dåre –
Lurad, nyttjad, såväl som förrådd.
Det har hänt om och om igen.
Hon gör sin hemläxa i det här fallet,
Det är dags att för alltid slänga bort
Det som inte borde ha varit
Och inte borde ha låtits stanna.
Det är bara rättvist.
De kan inte skylla på någon annan
Utom sig själva.

De tittar.
De darrar av blotta tanken
På handen,
Syskonens händer som sträcker ut
Och når varandra med hjälp.
De föraktar
Ännu en återförening.
De fruktar
En annan lösning än krig.
Och i kläderna de svettas
När de hör att de fråntagits
Rätten att fatta besluten åt henne.
De riskerar att bli avklädda

Av det som härnäst kan hända.

Slutligen tippar vågen
Över till syskonens fördel.
Avslöjar de två ansiktena,
Klipper illavalda gamla band
När systrar och bröder söker nya
Och hittar varandra.

Slutför avtalet som får
Hennes ögon att tåras
Och hennes händer att darra.
Blodtrycket stiger
Eller kanske sjunker?
Hon kan inte urskilja ordentligt,
Världen snurrar runt och runt.

Ivrigt väntar hon med vidöppna armar.
Väntar på att ta emot den stilige hjälten,
Omfamna honom
Och kompensera för alla års frånvaro.
En återförening är nära,
Hennes syskon är snart här.
Flaggor kommer att vaja,
Vita rosenblad kommer att kastas
På vägen som syster och bror ska gå tillsammans
Och tvinga de andra att backa.
En vacker dag…

Undrar hur han ser ut nuförtiden.
Hennes hjärta slår så hårt,

Slår sig nästan ut ur bröstet.
Och hon, flätar hon fortfarande håret?
Där är hon. Flätan inte lika symmetrisk, men ändå.
Titta här borta, min vän!

Han är inte så ung som han brukade vara,
Men de där skrattrynkorna
Syns runt hans ögon och visar
Att mannen med den dammiga mustaschen
Drar ett skämt.
När gjorde han det senast?
Och hur är det med henne,
När skrattade hon senast?

”Ler du mot mig? Så sött!
Tror inte att jag någonsin sett
Dig på det sättet,
Bara glad helt enkelt –
Ett okomplicerat syskon.
Krama mig! Får jag pussa din kind?”

”Hallå, nyp inte mina skrattgropar!
Vill du ha en kram till?
Vi har ett par sekunder till
Kvar av den alldeles för korta pausen,
Så kom och dröm med mig.”

”Vad ska vi dagdrömma om?
Våra syskonbarn, små bebisar
Som kryper till morbror och faster?
Är det en nick jag ser?!

Är det…en tår jag ser?"

"Jiyan, jag skulle nämna din son Salim"
  "Basel, jag skulle nämna din dotter Aştî"
  "Och jag skulle lära honom mitt språk"
  "Och jag skulle lära henne mitt språk"
  "Han och hon kommer att vara syskon"
  "Hon och han kommer att göra allt du och jag missade"
  "Leka med varandra, älska varandra"
  "Reta varandra, lita på varandra"
  "Och växa upp tillsammans i mormors stora hus…"
  "…Som vi gjorde"
  "Det enda vi lyckades med"
  "Och kämpa för varandra, försvara varandra"
  "Ända till slutet."
  "Snälla brorsan, jag försöker att inte gråta"
  "Jag har saknat dig, syrran."

KOMMA HEM (2020)

Går på darrande ben.
Går långsamt fram.
Till solen och dess värme,
Tillbaka till det som heter livet,
Med någon slags hoppfullhet
Från den vågen av befrielse som varit.
Hittar till vägen…

Han påbörjar den långa resan hem
Till fru och barn som väntar på honom.
Han vågar se på förstörelsen –
Den där bekräftelsen
Att mamman har undkommit döden.
Tidigare levande gator gapar tomma
Och övergivna hus dominerar landskapet
I det krigshärjade landet
Som har varit uppslukat av lågor
Så långt ögat kan nå
Under alldeles för lång tid.

Han går runt på landsbygden.
Kan inte komma undan
Den obehagliga sanningen.
Ser flyktingarnas eländiga tält.
Söker ett sätt att läka såren
Och mata hjärtan med kärlek

Där ondskan har ätit
Och med tänderna slitit.

En dag kommer han att känna en puls
Vid de brutna handlederna,
Men är den dagen idag eller ens snart?
Han känner med fingrarna på jorden
Där detaljer fanns förr, känner spåren
Innan de kollapsade till marken.
Minns drömmar som krossades,
Bombades.
Hade inte vågat sluta ögonen
En sekund
I ett decennium.

Livet kommer sakta tillbaka
Men blir aldrig detsamma
Där blod har spillts.
Minnen är för verkliga för att blekna,
Några andetag hörs fortfarande,
Offren för nära och kära
För att glömmas…
Martyrer tittar ner från himlen
Och förtjänar att se en bättre värld,
Inte bara en fortsättning på livet
Innan de gav sitt liv
För den här platsen att leva.
Låt det inte vara förgäves!

Han ser ljuset i tunneln,
Ser kanske slutet – äntligen!

Kanske betyder det slutet på förtvivlan,
Smärtan som han dragits med.
Han kommer att ta sig till vägens ände
Även om han blir brutalt knivhuggen i ryggen.
Han kommer att passera mållinjen på alla fyra,
På fötter och händer,
Om det är vad som krävs för de rättfärdiga
Att vinna.

På vägen kommer han att träffa
De olika åsikterna.
Kan de bli för många?
Han kommer att möta alla
Och försöka släcka löpelden,
Avsluta den monstruösa krigföringen,
Möjliggöra allas existens
Och samexistens,
Så att den här platsen kan åter vara
Ett landskap i akvarell.
Han kan inte vara den enda
Som har saknat den friska luften.
Han kan inte vara den enda
Som har saknat varje vacker blomma.

Mammas barn, kom ut hit.
Böj er försiktigt ner
På det här territoriet,
På den varma sanden.
Känn med kinden, vila pannan
För en minut på marken.
Tillägna det här ögonblicket av livet

Till det som håller er vid liv
Idag och imorgon.
Be för alla andra även om de inte är
Inom synhåll eller räckhåll.
Be för dem från djupet av hjärtat:
"Allahu akbar"…
  Lyft armarna, titta upp mot himlen:
"Vår Fader, du som är i himlen"…

Be för varje ställe att återfå sin styrka
Och kunna ge det till sönerna
För att inte svimma.
Möjliggör friheten från det onda ödet.
Måla husen med ljusa färger.
Tillåt döttrarna att reformera, uppfostra –
Lära ut och avlära
Och sylvassa blad fråntaga
Och laddade pistoler ersätta
Med ofarliga leksaker
I de där små händerna.

Resan är ännu inte avslutad.
Ge överlevande en andra, tredje,
Hundrade chans att skaka hand
Med dem de älskar eller stridit mot.
Ingen sade att det här blir en enkel resa
Men, för mammans skull, tänk efter.
Chanser som dessa kommer inte hela tiden,
Livet finns inte hela tiden.
Det här landet är enat,
Fortfarande enat

Och insisterar på att överleva.

Var förberedda,
Den återstående resan kommer också
Vara lång. Vilka ska komma hem?
Bröder och systrar,
Samt barnen i exil,
Vem kommer och hjälper till?
Är det inte dags att drömma igen,
Den här gången om en trygg plats –
För henne, för honom, för alla?
En välkomnande famn,
Ett fredligt boende
I den ljusa framtiden.

Hur gör den här mamman?
Otrolig är hennes tro,
Uppmuntrande är hennes styrka!
Man finner, även mitt i förstörelsen,
Skönheten av hennes beslutsamhet
Som fortfarande finns kvar.
Leta efter positiva tecken,
Lyssna på hur de flesta platserna har blivit lugna
Och se hur hennes barn har lust att gå ut
På en promenad.
Han med ärren,
Hon med blåmärkena,
Gömda under hans kläder
Och bakom hennes solglasögon
Allteftersom livet går vidare.

Förstörelsen verkar otillräcklig för att göra henne ful
I hennes barns ögon.
Vad mer måste de göra?
Uppenbarligen är beväpnat uppror gamla nyheter.
Hennes horungar har blivit immuna
Mot deras ombud, hoten och legosoldaterna.
Uppfinningarna tvingas fly, de tvingas försvinna.

Titta vem som står kvar om inte mamman.
Titta vem som fortfarande försvarar henne
Om inte barnen.
Titta vilka flaggor som fortfarande vajar
Och vilka andra har blivit gamla mattor
Att torka skorna på.
Den där självsäkra, kaxiga beräkningen
Med preliminära, förutbestämda löften
Att de kommer lyckas störta
Inom tre månader
Visade sig vara helt fel. Totalt borta.

Såvida inte krigföring ändrar sitt ansikte:
En åtgärd för att skydda civila är allt som krävs.
En lagstiftning de kommer med
Som får hennes barn att vänta i timmar.
Tusentals som köar vid bensinstationerna
För att husen är så kalla i vinter.

Hur gör de?!
Slår ner hoppet när det återvänder till mamman.
Det där är ett välbekant hånleende.
Hon kommer inte ha något val egentligen

När Covid fallen ökar snabbt.
Kanske kan dessa siffror äntligen
Slå ner henne när hon inte klarar av
Att stå och titta passivt på
Medan barnen ligger i ickefungerande
Respiratorer.

Det som kallas för mammahjärta
Kommer inte att klara sig.
Sanktioner är det tjockaste repet
Som binder fast hennes magra handleder
Och tar bort hennes händer
Från spelet om hennes och barnens överlevnad.
Det finns ingen medicinsk utrustning
Och resurserna är otillräckliga. Än sen då?
Använd det gamla hon har –
Alldeles för få, så synd,
Men gott nog för hennes otacksamma barn
Som inte lydde, till skillnad från de som visste bättre,
Och inte överlämnade mamman
Till dem.

Om hennes barn vägrar att dö av kulorna,
Projektilerna, attackerna, belägringarna…
Vägrar fortfarande att bli slagna –
Stanna då hos henne och dö.
Dö av fattigdom,
Bredvid henne. I det tysta.

KONFRONTATION (2021)

Krig kunde inte tvinga henne att gömma sig
Fastän hon måste vara trött innerst inne.
De väntar fortfarande,
Men tiden går fort. Så frustrerande!
När kommer hon att vädja om nåd?
De gillar verkligen att se
Varje tragisk förlust
Och mammans tårar.
Hennes familj är inte längre lika stor
Som den brukade vara.

De fortsätter genom att ta bort
Hennes enda varma täcke.
Förorenar vattnet
Eller tar det till sig,
Gräver bort Eufrat från henne
Medan hon är så törstig –
Allt för att göra henne svag
Och göra henne till deras,
Eller få henne att ömkligt börja lipa
I avsaknad av kärlek.

Provocerar henne emellanåt.
Visar henne lite kärlek,
Kallar den för medmänsklighet.
Bryr sig skenbarligen,

Imponerar på den allmänna opinionen.
Berövar henne därefter medicinen
När hon blivit beroende,
Orsakar henne förhöjt blodtryck.
Njuter av stigande matpriser,
Vet att hennes fickor är tomma.
Förbjuder att saker säljs till henne,
Kastar ut henne i kylan
Ensam.
Hur länge till kommer hon hålla ut?

Hon dricker några droppar vatten
Och äter bara bröd.
Hon kan bara se med värmeljus.
Hon håller en annan iskall oskyldig
Så hårt hon kan.
Ännu ett barn som blöder ihjäl
I den här tragedin som inte tar slut.
Hon blundar,
Önskar att saker inte gick
Som de gick…

Idag är ett decennium senare
Och de har ännu inte förstått
Hennes envishet, hennes mentalitet.
Varför och hur hon fortfarande står ut
År efter år, i evighet.
Det som kommer från och med nu
Kan vara ännu svårare, farligare:
Syskonens bitterljuva kärlek,
Hans och hennes strid,

Inte bra för hjärtat
Men oundvikligt.
Ta vara på den här chansen!
Berätta för varandra en gång för alla
Vad i hela fridens namn håller på att hända.

Damen med flätan inleder beslutsamt.
  ”Det verkar som att någon av oss
Fortfarande är förblindad
Med orimligt hat, så enkelt provocerad.
Kan jag åtminstone få tala
Innan det är försent för dig att lyssna?
Basel, jag ber dig att gå tillbaka
Till början. Kom ihåg att du anförtrodde mig
Marken däruppe i norr
Och jag ställde mig inte emot dig.
Låt alla minnen komma tillbaka –
När våra syskon slogs tillsammans,
Hand i hand,
Bekämpade monstren,
Bevakade staden
Och skyddade vår mamma.

Minns lite västerut,
Vi träffades där igen.
Deras försörjningsväg skar jag av för dig,
Och det där distriktet räddade du åt mig.
Minns lite österut,
Ett femtiotal av dina borttappade bröder
Hittade jag nära monstrens bostäder
Och eskorterade till säkerhet.

Jag minns många gånger
Där jag har försökt klara mig själv:
Ögat, Eufrat, Olivgrenen…
Jag blev nästan krossad,
Men så kom du.
Nu känner jag att det går åt fel håll –
Jag och du,
Fiender vi verkar ha blivit.
Tänk om det inte är ett påhitt?

Minns hur jag alltid kallades
– Och fortfarande kallas – din älskarinna
Även när vi inte kommer överens.
Av den anledningen att jag fortfarande står
Anklagad för att ha hoppat i säng
Med dig, min bror,
Och för att jag är ett barn
Från en annan etnisk grupp,
Så många halsar skars av.
Så många av mina systrar
Var huvudlösa kroppar lemlästade, kastade
I den östra öknen som du säger jag plundrar."

Han med mustaschen kan inte lita
På den här självömkan,
Vet inte säkert,
Men kan inte ignorera.
Han är vilsen någonstans mellan sin inre röst
Och hennes ansikte.
    "Kanske hade jag fel, kriget är inte snart över.

Kanske har vi ytterligare femtio år framför oss.
Hur står det till med dina drömmar om att skilja
På vår mamma och på varandra?
När kommer du att inse att du blir utnyttjad,
Eller är det precis vad du är ute efter?
Älskar du makten du känner
När du min arm vrider,
Tar det jag har som gör att mamma klarar sig själv,
Och lämnar oss alla sårbara
I händerna på Caesar –
Hans embargo, sanktionerna som fråntar
Och som torterar oss levande?"

"Gör ett försök att förstå,
Jag har fastnat i spelet!
Varje dag är likadan:
Något händer och du skyller på
Mig, den ensamma damen vars systrar
Inte längre lyder.

Politik kan vara förrädisk, orimlig.
Aldrig har jag förstått
Hur plötsligt ens fiender
Är ens allierade.
Det här är inte jag, inte min vilja.
Men återigen förlåt mig,
Jag kan inte ta mig ur det.
Det står skrivet på mitt namn
Medan mina händer är bundna.

Om någon tar, så är det inte jag.

Om någon säljer, så är det inte jag.
Men om inte fler systrar på min sida står
Och min syn delar
Och dig älskar,
Hur ska jag på egen hand förhindra
De som dricker det svarta guldet?

Din förlust har jag hindrat förut,
Men hur länge kommer det att hålla?
Enorma krafter står och trycker.
Du och jag riskerar att falla
I varandras våld.”

”Tror du inte att jag hellre litar på dig än andra?
Vårt förhållande i förfluten tid
Har inte bara varit en negativ historia.
Har du någonsin tänkt på det?
Innan det här kriget, för länge sedan,
Sökte du skydd från samma
Fiende från idag
Och jag gömde dig. Jag var din sköld.”

”När kriget är över,
Varför skulle du inte svika mig?
Mina systrar säger att jag inte kan veta
Att det som vi befriade
Och det som vi dog för
Inte kommer att tas ifrån oss
Så fort tillfället kommer.
Kan jag argumentera mot dessa påståenden?
Vem av oss är inte rädd?

Vänligen gör något som visar
Att du oss också betraktar
Som hennes barn. Jag vågar
Bara lita på dig,
För dina bröder hatar mig
Och säger att jag är
Milis,
Bandit,
Även om jag inte är det.
Några runt mig må vara
Och omger mig,
Men jag upprepar:
Det är jag inte. Inte jag.”

”Jag kommer inte att förneka det:
Jag har gjort misstag. Ja, jag erkänner –
Speciellt det som kallas *ajnabi*.
Jag kan ta så mycket av den kritiken
Som jag förtjänar.
Men svarar du tillbaka nu
När vi befinner oss i ett krigstillstånd,
Vid helt fel tidpunkt?
Kommer du med lite ursäkter
Och tror att det är okej?

Mitt i den senaste tidens galenskap
Har det skett en del reformer.
’Inte tillräckligt’ vet jag att du understryker,
Men nog håller du med om jag säger
Att du är friare här med mig än någon annanstans
Där de hoppas att du ska sluta finnas?

Flytta bort din hand från deras
Smutsiga händer som förstörde
Mina bröder och mig,
Dina systrar och till och med dig!
Avlägsna dem från vår mark.
Men kommer du någonsin?
Betraktar du inte det som en motgång?
Drar istället nytta av deras närvaro,
Tvingar mig in i deras krigföring och raseri,
För att få mamma att dela upp sitt arv
Mot sin vilja? Din separatist!

Med mammas återstående pengar
Köper du deras stöd.
Ett kortvarigt stöd, tro mig.
Kommer du någonsin bry dig om att inse?
Tillåter ditt ego dig att se
Att de aldrig kommer att favorisera dig
Framför den andra partnern i allians
Som redan finns där?
Så stark som han är!
Tror du att de skulle vänta på dig,
I årtionden, för att växa i närheten av
Hans rättvisa och utveckling?
Tid för dem är pengar,
Och deras allierad har sin förmögenhet
Som han byggt på stöld
När han handlade med monstren som ödelade
Oss. Liv och andetag –
Vad finns kvar?

För Guds skull, vakna upp!
Du är bara just nu. Men han är för alltid."

"Åtgärda allvarliga misslyckanden
I ditt och mitt styre,
Som ständigt snubblar på vägen
Som ett tecken på att något
Håller oss isär
Och inte låter oss bygga upp ett förtroende.
Vad är det som hindrar
Om inte något nedslående, demoraliserande,
Som sveper bort minnet av våra martyrer?
Det är oacceptabelt, men
Det fortsätter och fortsätter.

Tvärtemot vad du kanske tror om mig
Är min dröm större än en federation utan dig.
Jag drömmer om den föreningen
Jag en gång kände,
Min sak är större än deras rikedom.
Jag söker att existera i ett fridfullt liv
Och jag har inget emot dig i mitt liv.

Avbryt mig inte medan jag pratar!
Det finns en sak kvar att berätta.
Informationen som har utelämnats,
Allting vi har gemensamt.
De enda två sekulära krafterna
På marken är vi
Och stolta är vi.
Du anses vara illegitim att styra,

Jag har inte tillåtelse att existera.
Fienden är densamma
Som försökte mörda oss båda
När mitt hus attackerades
Och ditt blev rånat.
All terror vi utstod
Medan vi var de föraktade.
Det var du som i Genève fick skulden,
Det var jag vars närvaro där var förbjuden.
Inkluderades inte, glömdes.
Nämns fortfarande endast när det gynnar
Dem."

Han är verkligen förvirrad.
Förut skulle han vägra,
Men nu måste han veta.
    "Hur långt är du villig att gå?
Jag hör viskningar,
Hemliga förhandlingar
Om dig. Kommer du att delta
Och sjunka lågt nog att skaka hand
Med vår gemensamma fiende
Vid vår gräns
Om han tillåter dig att existera?

Om mellan deras två allierade
De skulle åter lyckas balansera,
Kommer du att lita på dem
Och följa en annans styre som använder ditt namn?
Kommer du att gå med på att bli ett duplikat, tanklös,
Styrd av det där demokratiska partiet?

Var befann det sig när du led?
Skickade några bara för uppvisning,
Skröt om hur man kommer rädda dig
På bara några dagar,
Men gjorde aldrig riktigt någon skillnad.”

”Jag är sekulär, vänster och fattig.
Jag är en av de enkla arbetarna.
Jag pratar inte med min granne.
Jag slåss mot hans monster.
Jag är jagad av honom.
Vad jag än har gjort,
Vart jag än har gått,
Har jag blivit förrådd.
Därför har jag inga vänner utom bergen.

Några av mina nära är sekteristiska,
Extremistiska och rika.
Blundar för monstren som skurit ut
Hjärtan, levrar,
Och tuggat i sig dessa.
Pratar med den grannen.
Bjuder in honom på kaffe i deras villa
Och några flygattacker vid bergen
Då och då, på gerillan,
Samtidigt som de njuter av sitt självstyre.
Men vad gäller mig,
Varför skulle jag betrakta ett sådant styre
Som min självständighet?
Det är bara ett namn, ett utseende.
Tyvärr liknar det så mycket mitt namn

Och du tror att vi är en och samma."

"Mina ord är hårda,
Men mina avsikter är inte att krossa
Dig så som de kanske säger.
Jag är din bror
Och det gör ont varje dag.
Det finns tillfällen då jag tar ett djupt andetag
Och omprövar de namn jag kallar dig.
Det finns tillfällen då jag tvekar
Och önskar att det kunde se annorlunda ut…"

"Minns när vi skakade de stora,
Fick dem att svettas,
Tvingade dem att backa tillbaka
När vi förenades och lyckades
För en liten stund?
Tillsammans skrämde vi dem.
Lägg märke till mitt leende: Ja, jag var stolt."

"…Men det är en mycket lång väg att gå.
Kan vi gräva ännu djupare
Och dränera oss på den begränsade mängden styrka
Kvar i våra trötta kroppar
När vi inte vet säkert vad som kommer att hända?
Kan vi stänga munnen som viskar oss blinda,
Öppna våra ögon och urskilja
Rykten från vad som faktiskt är sant?
Slita oss ur positionen där vi är
I behov av några andra
Och istället vända oss till varandra

Även om det betyder du och jag mot världen?
Jag skulle inte ha något emot att dö bredvid dig
Om bara jag visste att jag kunde lita på dig!"

"Kan inte fatta att mina händer
Nästan känner sig ödesbestämda
Att ta till vapen mot dig.
Det verkar som att det är förväntat
Av mig. En konfrontation
Framför mammas ögon!
Vill inte, vill inte…
Men om jag inte når fram
Måste jag få veta att du kommer försöka
Stoppa det här. Det är upp till dig
Att inte tänka det värsta om mig.

Vår återförening varade inte länge,
Men jag fick känna värmen från dina handflator.
Jag upplevde känslan av säkerhet,
Att ha någon vid min sida
För inte så länge sedan…
Vita rosenblad regnade ner över oss.
Känns så långt borta nu,
Verkar som att det inte kommer att hända igen.
Ju mer jag tänker på det, desto mer jag saknar
Dig."

"Jag älskar dig fortfarande."

"Kom och håll min hand.
Jag halkar,

Tappar fotfästet i livet.
Jag kommer sannolikt att falla i deras fälla,
Men jag vet inte när.
Säg åtminstone att du kan tänka tillbaka med glädje
När du tänker på mig.
Jag lovar att jag var uppriktig mot dig.
/ Jiyan"

MAMMAHJÄRTA (2022)

Jag är ledsen
Över att så många blad behöva fylla
Med så mycket brutalitet.
Säg att jag har lyckats förmedla
Terrorn i det här kriget!
Att glömma är inte längre ett alternativ.
Se hit!
Hela tiden fanns den här inställningen
Att gömma sig
För att undvika att smutskastas,
Vilket sker om det berättas
Något annat än granskade lögner.
Man hatas.
Man hotas.

Tills jag blev 'inte därifrån',
Från mitt eget land.
Jag blev en främling.
Ända sedan jag var liten
Har barnet jag blivit tillsagd
Att hålla mig undan.
Så uppfostrades jag.
Hållit mig på utsidan,
Tittat med sanslöst lugn,
Samtidigt som jag låtsades att jag inte är
Vad jag är i mitt hjärta

Och vad jag vill vara.

Jag var upptagen med att hålla mig borta.
Jag var upptagen med att hålla mig säker.
Undermedvetet,
Medvetet, glömmer
Vem jag är
Och förvandlas till den svaga
Som aldrig kan prata…
Nu faller jag på knä och beklagar
Det jag har misslyckats att säga,
Begraver mitt ansikte i mina handflator.
Skammen, skammen!
Skriker ut min tillbakatryckta smärta,
Önskar att mamma ska förstå mig
Och att mamma ska förlåta mig
För att jag hittade försent
Till mig själv
Och till henne.

Jag ber om ursäkt att jag inte insåg.
I tider så svåra som dessa,
Mitt i hennes förstörelse,
Borde jag ha tagit hand om hennes sår.
Jag borde ha varit där tidigare
I mitt liv
Och i hennes liv,
När det var bättre tider
Och jag kunde ha sett henne le.

Fega jag som brukade fly

Har vaknat alldeles nyss.
Kämpar fortfarande för att befria
Min mun och min tunga
Från min hand och era händer
Som hindrade mig från att skrika.
Det minsta ni kan göra är att lyssna
När jag spyr ut innehållet
I min mage och mina tankar
Och mina rädslor. Jag tvivlar inte igen
Och kommer aldrig att skämmas över att berätta
För alla som visste bättre än mig.

Ni som inte har haft en anledning att frukta
Och ni som har varit för upptagna för att höra
Hennes röst som tystades,
År efter år ignorerades –
Har ni något emot att leta i arkivet
Eller soporna, kanske,
För att hitta de förlorade skriftliga uttalanden
Som hon skickade
Till de som visade sig vara korrupta?
Finns det inte ens en bråkdel kvar
Av mammans avskydda papper
Som berättar om de orättvisa straffen
Som lades till hennes eländiga strid?

Mitt i er vilseledande propaganda,
Kommer ni någonsin säga 'häv sanktionerna'
Utan en dold agenda?
Kommer ni någonsin känna hunger
När det finns mat på tallriken?

Kommer ni bry er om andras öde
När ni aldrig sett barnens krossade
Ansikten?
Det har egentligen aldrig spelat någon roll
Att ett par bultande hjärtan
Blir besvikna ännu en gång,
Att det lilla hoppet som fanns kvar
Är borta när den här stölden
Förlängs när ingen av de tjugosju
Röstar emot och konsensus råder
Och hennes barns liv tas
På diverse sätt.
Svältande, fryser ihjäl,
Väntar på samvetet
Att vakna för en gångs skull,
Och vill fortfarande lämnas i fred.

Jag är stolt över att vara jag,
Ett tidigare förlorat barn –
Hennes barn. Ni vet vem jag menar.
Den förlåtande mamman
Som håller sin dörr öppen
Till de gamla vännerna som förrådde,
Även till de vilda fienderna som kom och mördade
Och trampade på henne på jakt efter rikedomar.
Och de som sparkade sönder hennes gräs och vattnade
Hennes frön med mina syskons blod,
Sökte makt, glömde sin rot.
Och de som i barmhärtige Guds namn
Attackerade Hans moskéer och kyrkor på hennes mark,
Uttalade mörka förbannelser över henne vart hon än gick.

Hur är hon villig att omfamna allt det här hatet
Och göra sitt yttersta för att omvandla det till kärlek?
Tror på en andra chans,
Accepterar lögnhalsarna till och med –
Hur kan det vara så?
Det är vad mammahjärta betyder.
Synd att vi inte är där för att se och lära.
Gör detsamma!
Var hennes opartiska fredssoldater
Beväpnade med endast vita pappersark och pennor
För att skriva berättelserna om hundratals, tusentals,
Miljontals söner och döttrar.

Bevittna det här upproret:
Mamman är klädd i guld från topp till tå
I sin uppståndelse,
Och hon återvänder för att vara
Den där fridfulla platsen för alla.
Vittna om att det här händer.
Förhindra att historien upprepas
Någon annanstans med en annan
Stackars mamma.
Hennes historia får aldrig glömmas.
Någonsin.

IN I VÄRMEN (2023)

Hur många gånger till får det hända?
Man bryr sig inte ens om att kommentera,
Blir inte ens utfrågad
Varför och hur länge till.
Blir sällan, aldrig, fördömd,
Varje gång enkelt bortglömd
Av de som är utbildade inom lag,
Rättvisa och konventioner
Med inriktning dubbelmoral.
Släng på fler sanktioner
Åt andra håll,
Här spelar ingen roll
Att mamma attackerats bara timmar efter
En katastrof som fällde massor.
Bland efterskalven,
Fientligheter som flyger i luften
För att kräva desto fler liv
Och lämna efter sig mer som dött.
Döden är överallt! Överallt!

Kraften som lyser upp himlen,
Som en blixt.
Silver blå
Svart grå.
Natten, där och då,
Och många andra dagar och nätter.

Ännu fler tältar,
Ännu fler offer.
En bostad som inte står säker.
Se hur den faller.
Inte bara den, alla,
Som korthus. Ska ni blåsa på dem
Och fortsätta skratta?
Som med covid och koleran bara titta?
Lättar på sanktionerna bara lite,
Alldeles försent.
Vågar hon tro? Vågar hon lita
Att barnen inte kommer lämnas utan mjölk
För att återigen svälta?
Den som lever han lider,
Den som dör han slipper.
Plågan till den här nivån når
När hon alldeles för lite hjälp får.
Mer åt grannen och mindre till henne.
Men hon fortsätter förlåta,
Medveten att folk sörjer där också.

Mirakel tröstar, överlevande som hittas
Under rasmassor efter tiotals timmar.
Medmänniskors initiativ lindrar,
Den omtänksamheten
Från vissa som inte vänder bort blicken.
Filtar, tältar, medicin, mat.
Fina själar minns jag hellre
Än de som 'inte kunde sluta le'
Och tycker det är bättre
Att hennes barn blivit färre.

Förstår ni vad som har hänt?

Varför veckopeng-storlek på stödet
Från vissa håll,
Medan hundratals miljoner pumpas in i kriget
Ni vet var?
Jag minns hellre fina önskningar och bön
Än rasister som vittvättas parallellt.
Vad en människas liv är obetydligt
Att ni föredrar att hetsa till krig
Till sista man!

Kvar står mammas barn
Och de där andra bortglömda barnen –
Ljusa som mörka,
Flerspråkiga,
Tillåtna.
Från utsidan fortsatt bestraffade
Med projektiler, explosioner.
Inte en stunds vila.
Målet är vadå, vilka?
Jag kan inte förstå
Tystnaden i skuggan av skriken
Från det där andra kriget
Som ni kallar aggressionen, invasionen.
Återigen syskon som lider.
Låtsas inte att ni bryr er,
Som hycklare bryr sig om mänskliga rättigheter.
Är inte hundratals attacker på mammas territorium
En aggression? Under ett helt decennium!
Grannen då? Är det inte en invasion

Eller två? Hans upprepande hot,
Hör ni fortfarande inte?
Varför hör ni bara på ett ställe,
Varför ser ni plötsligt?
Vet ni ens hur de låter,
Vad de heter,
Vilka de är besläktade med
Innan ni dekonstruerade dem också,
Pysslade ihop bitarna som ni önskade,
Nämnde ännu ett verk vad ni ville?

Visst står dörren öppen,
Ser ni?
Men inte utan vakter.
Öppen för alla som tar av sig skorna
Och respekterar husets regler.
Mammas generositet har inga gränser –
En nödvändighet för att återbygga,
Inte alls för att buga.
Ett vettigt drag av diplomati
I det nya slaget om att leva.
I fredens tid,
I världskrigens tid,
I dragkampen om vilken ordning som ska gälla.

Ja, det svider.
Många förtjänar inte ens
Svart kaffe och en plats till bords.
Och till kära grannen: här finns inte minsta kakbit
Att lura till sig och äta,
Så ta hem dina vänner.

Här finns ingenting att hämta.

Välkommen in i värmen.
Det visade sig att hon är oersättlig.
Hennes värdighet erkänns
Av de som förnekat,
Hennes tårar förnedrat,
Blodet försummat,
Våldet förhärligat.
Jag minns oändligt mycket sedlar
Som rullar av toalettpapper.
Jag minns många smutsiga seder
Som togs till bruk.
Men nu är det slut
Efter ett gemensamt beslut
Att alla utomstående skall ut.
Vill någon protestera, vänligen lämna salen
Och stolar gapande tomma
En dag eller ett år. Hon tvingar ingen att stanna
Eller att gå.
Är det hennes återkomst ni inte tål?

In i värmen går hon
Efter så mycket kyla.
In i värmen.
Hon har gjort sig förtjänt lite vila.
In i värmen.
Deras kärlek sägs hon finna.
In i värmen går hon,
Men inte utan att minnas.
Inte har hon glömt barnen som är borta,

Men hon måste vinna
För att hålla det som hon lovat.

Den här handskakningen
Tillägnas dottern som nekades
När hon sträckte ut en hand.
Systern som försökte knyta band.
Mamman som tvingades förhandlingarna bevittna
Ut i sanden rinna.
Brodern som ända till slutet uthärdar.
Morbrodern som eftersträvar
Att till världen bevisa
Det som ni inte vill visa.